DAS GEHEIMNIS
DES HERZMAGNETEN

Mosaik bei
GOLDMANN

Buch

Die meisten Menschen suchen nach einem sinnvollen und erfüllenden Leben. Vor allem aber wollen sie dauerhaft lieben und geliebt werden. Aber warum können sich manche Menschen vor Zuneigung kaum retten, während andere um Liebe ringen? Und warum scheint die Erfüllung genau der Bedürfnisse, die man sich besonders wünscht, immer am schwersten zu fallen?
Nichts daran ist zufällig. Warum Menschen und Ereignisse in unser Leben eintreten, wie Beziehungen entstehen und sich entwickeln, beruht auf der Anziehungskraft des Herzmagneten. Sie sorgt dafür, dass bestimmte Menschen oder Umstände angezogen oder abgestoßen werden, dass man zum Handeln animiert wird oder unberührt bleibt. Ruediger Schache weiht den Leser in die zehn Geheimnisse dieser Kraft ein: Begleitet von einer Vielzahl realer Fallgeschichten und praktischer Anleitungen erklärt er umfassend ihre Essenz. Wer sich darauf einlässt, handelt mit einem neuen Bewusstsein und zieht die Menschen und Ereignisse an, die er sich ersehnt.

Autor

Ruediger Schache ist Coach, Bewusstseinsforscher, Journalist und Buchautor. Bei zahlreichen Aufenthalten in den USA, in Asien, Mexiko und Brasilien durchlief er eine Reihe von Ausbildungen und Initiationen. Sie führten zu einer tiefen und ganzheitlichen Sichtweise der Zusammenhänge von persönlicher Realität, Liebe, Beziehungen und dem Sinn menschlichen Daseins. Heute vermittelt er in Seminaren, Vorträgen und Beratungen sein Wissen um innere und äußere Zusammenhänge bei lebensbestimmenden Themen.
www.ruedigerschache.com

Ruediger Schache

Das Geheimnis des Herzmagneten

Mosaik bei
GOLDMANN

Alle Ratschläge in diesem Buch wurden vom Autor und vom Verlag sorgfältig erwogen und geprüft. Eine Garantie kann dennoch nicht übernommen werden. Eine Haftung des Autors beziehungsweise des Verlags und seiner Beauftragten für Personen-, Sach- und Vermögensschäden ist daher ausgeschlossen.

Verlagsgruppe Random House FSC-DEU-0100
Das für dieses Buch verwendete FSC-zertifizierte Papier
Profibulk von Sappi liefert IGEPA.

1. Auflage
Vollständige Taschenbuchausgabe Dezember 2010
Wilhelm Goldmann Verlag, München,
in der Verlagsgruppe Random House GmbH
© 2008 nymphenburger in der F. A. Herbig Verlagsbuchhandlung GmbH, München
Umschlaggestaltung: Uno Werbeagentur, München,
nach einem Entwurf von Ruediger Schache
Umschlagillustration: Dana Sitarzewski
Illustrationen: Dana Sitarzewski
Satz: Uhl + Massopust, Aalen / Grafikdesign Ulrike Storch, München
Druck und Bindung: Těšínská tiskárna a.s., Český Těšín
CB · Herstellung: IH
Printed in the Czech Republic
ISBN 978-3-442-17135-4

www.mosaik-goldmann.de

INHALT

„Gott würfelt nicht."

Albert Einstein

Physiker, Philosoph

* 14. 03. 1879 - Ulm

† 18. 04. 1955 - Princeton/New Jersey

Was zwischen Menschen geschieht, ist kein Zufall. Was bisher in Ihrem Leben geschah, war kein Zufall. Welche Arten von Beziehungen Sie haben und wie diese ablaufen, ist nicht zufällig.

Es gibt eine Kraft in Ihnen. Sie ist die Ursache für alles, was in Ihrem Leben geschieht, für jedes Ereignis, das Ihr Leben geprägt hat. Sie ist der Grund, warum genau diese Menschen und nicht andere in Ihrem Leben aufgetaucht sind und sogar dafür, wie sie sich verhalten haben. Diese Kraft wirkt ständig, ganz gleich, ob Sie es glauben oder nicht und ob Sie es wollen oder nicht.

Diese Kraft ist das Geheimnis Ihres Herzmagneten und Sie können sie verändern. Sie werden dabei immer mehr Liebe erleben, zu sich selbst, zu Ihrem Leben und zu anderen. Und je klarer Sie diese Liebe in sich spüren, desto mehr werden Sie liebende Menschen und erfüllende Ereignisse anziehen.

Wenn Sie sich auf diese Erfahrung einlassen, werden Sie erleben, wie immer mehr von dem geschieht, was Sie sich ersehnen.

Das erste Geheimnis

„Jeder Mensch,
der Ihre Nähe sucht,
wird von etwas angezogen,
das in Ihrem Magneten
enthalten ist."

Anziehung

Warum können sich manche Menschen vor Zuneigung kaum retten, während andere um Liebe ringen?

Warum zieht Sie ein bestimmter Typ von Mann oder Frau wie magisch an und andere - obwohl für eine funktionierende Partnerschaft besser geeignet - nicht?

Warum laufen Ihre Beziehungen immer wieder so auffällig ähnlich ab, ganz gleich, wie sehr Sie versuchen, es zu ändern?

Warum kann sich Ihr Partner auf Dauer gar nicht anders verhalten, als er es tut, egal, wie sehr er sich bemüht?

Warum bekommen Sie vom Universum, obwohl Sie etwas mit aller Kraft bestellen, dennoch das Gegenteil oder gar nichts geliefert?

Der Grund ist die Anziehungskraft Ihres Herzmagneten. Sie wirkt jenseits von Aussehen, Bildung, Alter, Sprache und materiellen Umständen. Diese Kraft funktioniert einerseits wie ein Magnet, der dafür sorgt, dass Sie und bestimmte Menschen oder Umstände sich anziehen oder abstoßen, dass Sie reagieren oder unberührt bleiben. Gleichzeitig wirkt sie wie ein Programm, welches bewirkt, dass sich die Beteiligten genau so und nicht anders verhalten.

Alles reagiert auf alles
Sie sind viel mehr als die Materie, die Sie sehen. Ihr Körper, Ihre Gedanken und Ihre Gefühle sind Formen von Energie, die auf andere Formen von Energie einwirken.
Das Grundgesetz der Schwingung und Resonanz bewirkt, dass Gleichartiges oder Gegensätzliches besonders deutlich aufeinander reagieren. Sie gehen »in Resonanz«. Wie auch immer diese Reaktion abläuft - Sie werden es fühlen und als passend oder unpassend, als angenehm oder unangenehm empfinden. Auf diese Gefühle reagieren Sie dann wiederum mit entsprechenden Gedanken und Handlungen.

Nichts geschieht grundlos
Jeder Mensch, der zu Ihnen kommt und Sie auf die eine oder andere Art emotional berührt, wurde zu achtzig Prozent von der Kraft in Ihrem Magneten und zu zwanzig Prozent von äußerlichen Faktoren angezogen. Selbst wenn Menschen oder Ereignisse scheinbar zusammenhangslos in Ihr Leben treten, hat es tatsächlich doch einen Grund, nur liegt er in diesen Fällen nicht so offensichtlich an der Oberfläche. Je besser Sie die Geheimnisse Ihres Herzmagneten verstehen, desto klarer werden Ihnen die jeweiligen Ursachen werden und Sie werden eine wunderbare Entdeckungsreise zu sich selbst und anderen erleben.

Und alles hat einen Sinn
Sehen Sie sich den Menschen an, mit dem Sie jetzt gerade eine Beziehung haben. Oder erinnern Sie sich an den letzten. Das Gefühl von Zuneigung oder Liebe ist nicht der alleinige Grund, warum Sie

ihn gefunden haben. Dieser Mensch hat oder hatte etwas, nach dem Sie sich sehnen, oder er verkörpert etwas Vertrautes und zu Ihnen Ähnliches. Sehr wahrscheinlich ist es eine Mischung aus beidem. Zusätzlich hat er Eigenschaften, die so verschieden von Ihnen sind, dass sie immer wieder Anlass für Konflikte geben.

Abgesehen von dem, was Sie zusammen erleben, gibt es einen tieferen Sinn für Ihr Zusammenkommen: Der andere Mensch hilft Ihnen dabei, Ihre ganz persönlichen Antworten auf zwei der grundlegendsten Fragen zu finden: »Wer bin ich?« und »Was ist Liebe?«

Über das Zusammensein, den Austausch und die ganz alltäglichen Situationen mit dem anderen finden Sie viel mehr über sich selbst heraus, als es allein jemals möglich wäre. Entweder beginnen Sie, sich und Ihr Leben zu lieben, weil der andere Ihnen Ihre Schönheit zeigt und Sie fördert. Oder er hemmt Sie durch sein Verhalten und führt Sie letztlich in Ihre Stärke, zu Ihrem Selbstbewusstsein und zu Ihrer inneren Freiheit. Manchmal geht es schnell, manchmal dauert es etwas länger, doch der Sinn ist immer derselbe.

Jeder Kontakt mit einem anderen Menschen hat einen Sinn:
- ◆ *Vorhandenes zu verstärken,*
- ◆ *Fehlendes zu ergänzen,*
- ◆ *an Andersartigem zu wachsen*
- ◆ *und sich selbst zu erkennen.*

„Der Beginn ist der wichtigste Teil der Arbeit."

Plato
griechischer Philosoph und Gelehrter
* 427 v. Chr. † 347 v. Chr.

Woraus Ihr Magnet besteht

Gehen Sie gerne ins Kino? Lieben Sie Filme, Romane oder gute Geschichten? Warum?

Ein Film bietet Ihnen neben dem gesellschaftlichen Ereignis und der Freizeitbeschäftigung vor allem eines: Gefühle. In einer Liebeskomödie werden durchschnittlich andere Menschen sitzen als in einem Kriegsfilm. Eine Dokumentation wird andere Besucher haben als ein Märchenfilm. Jeder Film zieht sein ganz spezielles Publikum an, weil die Besucher sich spezielle Gefühlserlebnisse versprechen.

Der Inhalt Ihres Magneten besteht vor allem aus Ihren ganz persönlichen, mit Gefühlen verbundenen »Filmszenen«. Was immer Sie erlebt haben oder sich zu erleben wünschen, ist Ihr individuelles »Gefühlskino«. Die Menschen in Ihrer Umgebung werden Ihre Filmwerbung »spüren« und sich angezogen, gefühlsneutral oder abgestoßen fühlen. Je nachdem, welche Gefühle sie selbst erleben oder vermeiden wollen.

Dies zu wissen ist der Beginn einer grundlegenden Veränderung Ihres Beziehungslebens. Es erspart Ihnen viel Suchen und Ausprobieren. Es spart Ihnen Geld, Zeit und eine Menge Enttäuschungen. Und wenn etwas einmal nicht so läuft, wie Sie es wollten, werden Sie weniger Zeit mit Selbstvorwürfen, sondern mehr Zeit mit der Neuausrichtung verbringen. Das Wissen um den Inhalt Ihres eigenen Magneten macht Sie zu einem Menschen, der bewusst gestaltet und entscheidet, was zu ihm kommt. Und der gleichzeitig immer besser versteht, warum andere Menschen genau so und nicht anders handeln.

Was Sie fühlen und wie Sie sich fühlen
bestimmt Ihre Ausstrahlung.
Es zieht Menschen an, die genau dies suchen.
Wenn auch aus unterschiedlichen Gründen.

Wen Sie anziehen und warum
Sie ziehen nicht automatisch Menschen an, die zu Ihnen passen, sondern solche, die das brauchen können, was Sie ausstrahlen. Die Bestandteile in Ihrem Magneten, die auf andere Menschen anziehend oder abstoßend wirken, sind vor allem:

◆ Ihre schönen und unschönen Erfahrungen sowie die anderer Menschen, sofern Sie diese ungeprüft in Ihr Gedankengut übernehmen.

- Ihre Erwartungen, Erwägungen und Befürchtungen sowie die anderer Menschen.
- Ihre Sehnsüchte, Ideen, Ziele und inneren Entscheidungen.
- Ihr wahrer Wesenskern.
- Sowie einige weitere Bestandteile, die Sie später kennenlernen werden.

Mit die stärkste Wirkung haben diejenigen Bestandteile, derer Sie sich im Moment weniger bewusst sind. Würde nur Ihr wahrer Wesenskern Ihre Ausstrahlung bestimmen, würden Sie reihenweise perfekt passende Menschen und Ereignisse in Ihr Leben ziehen. Es würde vor allem zu Ihnen kommen, was zu Ihnen passt. Sie würden sich oft wundern und noch öfters freuen. Sie wüssten selten, warum etwas kommt, würden aber spüren, wie wunderbar es sich zu Ihnen und Ihrem Leben fügt. Die Ausstrahlung Ihres innersten Wesenskerns immer weiter aus allen anderen Einflüssen herauszuschälen ist eines der größten Geschenke, die Sie sich selbst machen können.

Der männliche und der weibliche Magnet

Das Geheimnis der männlichen und der weiblichen Ausstrahlung ist ein besonders wertvoller Schlüssel für die eigene Ausrichtung bei der Partnersuche und in der Partnerschaft.

Jeder Mann verfügt über weibliche Anteile in sich und jede Frau trägt männliche Anteile in sich. Als eher weiblich empfunden werden: Gefühl, Diplomatie, Kümmern, Einfühlungsvermögen, soziales Interesse, zwischenmenschliche Fähigkeiten, Integration. Zu den eher männlichen Eigenschaften zählen: Verstand, Logik, Dominanz, Handeln, Macht ausüben, Ziele verfolgen, Entweder-oder-Entscheidungen treffen.

Mann und Frau suchen unbewusst immer danach, insgesamt »ein Ganzes« zu werden, also vom anderen möglichst die Anteile zu bekommen, die ihnen selbst fehlen. Es gibt keinen Mann, der ausschließlich männliche Eigenschaften hat, und keine Frau, die nur weiblich ist.

Es geht dabei nicht darum, ob eine Frau oder ein Mann auf den ersten Blick »optisch« besonders weiblich oder männlich wirkt. Eine viel stärkere Anziehung geht vom »Typ« aus, also von den gelebten Eigenschaften. Bei den meisten Menschen liegt das innere Verhältnis ihrer Eigenschaften bei 60/40 bis 70/30.

Was Sie selbst an männlichen und weiblichen Anteilen in Ihrem Magneten tragen, bewirkt, wie männlich oder weiblich der Partner ist, den Sie anziehen.

Das »starke Frauen – weiche Männer«-Paradoxon

Viele Frauen, die ihr Leben selbstständig führen und gut »im Griff« haben, erleben bei den Männern, die mit Ihnen in Kontakt kommen, ein seltsames Phänomen: Sie werden bewundert und respektiert, aber gleichzeitig erscheint es, als hätten manche Männer eine unerklärliche Angst vor ihnen und trauten sich nicht, eine Beziehung mit Nähe zuzulassen.

Der Grund ist, dass ein Mann sich einerseits von den Eigenschaften angezogen fühlt, die ihm fehlen, sich aber gleichzeitig neben einer Frau auch »männlich« fühlen möchte. Das gelingt ihm umso weniger, je mehr die Frau ihre männlichen Anteile in der Beziehung auslebt. Gleichzeitig sehnt sich die Frau nach den gefühlvollen Eigenschaften des Mannes, kann ihn aber oft als »richtigen Mann« nicht für voll nehmen, wenn er zu viel im Gefühl lebt.

Der umgekehrte Fall: Wenn ein Mann einfühlsam, kompromissbereit, diplomatisch, fürsorglich und am Wohlergehen anderer interessiert ist, strahlt sein Magnet viele weibliche Eigenschaften aus. Dies sorgt dafür, dass er auf Frauen attraktiv wirkt, die genau diese weibliche Energie suchen, beispielsweise, weil sie selbst viele männliche Eigenschaften leben. Es könnten also Frauen kommen, die im Berufsleben »ihren Mann stehen«. Frauen, die die Welt vor allem über Nachdenken begreifen und Probleme durch konsequentes Handeln lösen.

Nicht was Sie tun, sagen oder wie Sie sich kleiden, sondern wie Sie sich fühlen, ist der Schlüssel für die männliche oder weibliche Ausstrahlung Ihres Herzmagneten.

Wenn ein Mann sich männlich (kraftvoll, klar, selbstbewusst) fühlt, werden Frauen dieses Gefühl empfangen und deutlich stärker darauf reagieren als auf das Ergebnis von Körpertraining, maskuliner Kleidung oder auf Statussymbole.

Markus und die Muskeln

Markus ist ein attraktiver Mann mit viel Gefühl und etwas, was man ein »offenes Herz« nennt. Er interessiert sich für ande-re Menschen und ist eine Quelle von Mitgefühl und Verständnis. Bis Mitte dreißig hatte er noch keine Beziehung erlebt, in der die Frau den Wunsch verspürte, mit ihm zusammenzuleben. Auf den ersten Blick unverständlich, denn Markus sieht in jeder Hinsicht gut aus.

Eine seiner Partnerinnen erklärte ihm beim Abschied, dass ihm einfach »das gewisse Etwas« fehlen würde, das Frauen als attraktiv empfän-den. Sie konnte es nur mit den Worten »männliche Ausstrahlung« beschreiben.

Markus ist vom Wesen her kein Opfer. Immer wieder stellte er sich vor den Spiegel und überlegte, was er tun könnte, um männlicher zu wer-den. Schließlich meldete er sich in einem Fitnesscenter an und trainierte mehrere Male in der Woche. Nach über einem Jahr war sein Körper gut durchtrainiert, aber dennoch keine Frau in Sicht. Markus' Gefühl nach hatte sich seine innere und äußere Situation trotz der intensiven Arbeit an seinem Körper nicht geändert. Ihm wurde klar, dass es auf diesem Weg nicht funktionierte. Was seine Ausstrahlung bestimmte, war sein Gefühl über sich selbst, und er fühlte sich gegenüber attraktiven Frauen noch immer unterlegen.

Markus suchte nach den verborgenen Gedanken, die seinen Magne-ten mit dem Gefühl fütterten, kein ganzer Mann zu sein. Er erinnerte sich, dass er seinen Vater als jähzornigen, unsensiblen Menschen wahr-genommen hatte, der nicht einmal seiner eigenen Frau Respekt und Liebe zeigen konnte. Als Junge hatte Markus beschlossen, niemals so mit Frauen umzugehen. Wenn das, was sein Vater tat, bedeutete, ein erwachsener Mann zu sein, wollte er es nicht werden. Über sein Bemühen, besonders verständnisvoll, liebevoll und einfühlsam zu sein, hatte Markus sich selbst verboten, seine ebenfalls vorhandenen männlichen Stärken zu spüren und auszustrahlen.

Das Ergebnis war, dass Frauen, die ihm begegneten, diese Stärken ebenfalls nicht spüren konnten. Sie genossen ihn als Freund und Vertrauten und lehnten ihn als Mann und Partner ab.

Markus erkannte, dass er die Wahl hatte, weiterhin das Gegenteil seines Vaters sein zu wollen oder klar zu seiner Sehnsucht nach einer Lebenspartnerin zu stehen. Beides zusammen funktionierte offenbar nicht. Er entschied sich dafür, den Mann in sich zu spüren und ihn als Ausstrahlung in seinem Magneten zuzulassen. Er fand für sich die Lösung darin, speziell in Situationen, in denen er früher versucht hatte, besonders nett und einfühlsam zu sein, um gemocht zu werden, den Satz zu denken: »Ich bin ein Mann.« Und er stellte fest, dass Frauen begannen, sich für ihn zu interessieren, ohne dass er etwas tun musste. Sein Gefühl, ein Mann sein zu dürfen, verband sich mit seinem trainierten Körper zu einem attraktiven Gesamtpaket.

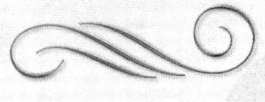

Der innere Schalter – Wie Sie Ihre Ausstrahlung sofort verändern

Stellen Sie sich vor, Sie hätten in sich einen Schalter, mit dem Sie zwischen zwei Einstellungen hin- und herschalten können. Sehen Sie den Schalter vor Ihrem inneren Auge? Gut! In der jetzigen Stellung steht er für Ihre momentane Ausstrahlung.

Was wollen Sie ab sofort ausstrahlen? Wenn Sie eine Frau sind: Wollen Sie von Ihrem Partner als attraktive Frau wahrgenommen werden? Das ist einfach: Fühlen Sie sich so! Stellen Sie Ihren inneren Schalter auf »attraktive erwachsene Frau«. Oder auf »verführerische Weiblichkeit«. Wählen Sie einen Begriff, der in Ihnen ein »Ja, das will ich« auslöst. Und dann schalten Sie einfach um und spüren Sie, was in Ihnen geschieht.

Spüren Sie mit jedem Schritt und jeder Bewegung, wie Sie eine attraktive Frau sind. Sie müssen nicht in den Spiegel sehen und sich selbst einreden, dass es so wäre. Spüren Sie einfach nur die Veränderung in sich. Erzählen Sie niemandem davon. Beobachten Sie einfach nur, wie sich Ihre Mitmenschen verhalten.

Es ist nicht Ihr Körper.
Es ist viel einfacher.
Es ist Ihre Ausstrahlung!

Wenn Sie den richtigen Schalter für sich erschaffen haben, wird sich sehr wahrscheinlich etwas verändern, ohne dass Sie sonst etwas tun müssen. Ihre einzige Aufgabe besteht darin, sich an den Schalter zu erinnern und zu fühlen, was geschieht, wenn Sie ihn betätigen.

Sie können auf jede Ausstrahlung umschalten, die Sie möchten. Von »Opfer« auf »Entscheider«, von »kindlicher Typ« auf »Mann«, von »schüchtern« auf »souverän«, von »bedürftig« auf »frei«. Der Schalter ist ein Spiel und gleichzeitig ein sehr wirksames Werkzeug. Er löst nicht einfach ein Problem mit dieser Person oder jener Situation. Er bewirkt etwas viel Grundlegenderes: Sie werden erkennen, dass allein Ihr verändertes Selbstgefühl auf andere Menschen wirkt und deren Verhalten sich ändert.

Glauben Sie nicht einfach. Beobachten Sie selbst!
Das, was Ihre Ausstrahlung bestimmt, entsteht nicht durch Wissen. Es entsteht durch Erlebnisse und Erfahrungen. Es entsteht durch das, was Sie über die Beschaffenheit Ihrer Realität fühlen. »Erlebtes und gefühltes Wissen« wirkt viel stärker als erlerntes Wissen. Es wird zum Bestandteil Ihres Wesens, gibt Ihnen Kraft, Sicherheit und Souveränität. Je mehr Ihnen klar wird, wie Ihr eigenes Leben »funktioniert«, desto besser sind Sie gegen fremde Einflüsse geschützt und desto stärker zieht Ihr Magnet an, was zu Ihnen gehört.
Beobachten Sie Menschen. Sich selbst und andere. Es gibt nichts Besseres, um Sicherheit zu bekommen. Nehmen Sie das Wissen über das Geheimnis des Herzmagneten, gehen Sie hinaus in Ihre Welt und sehen Sie nach, ob diese es Ihnen bestätigt. Ihr Blick wird nie mehr derselbe sein wie früher.

Beobachten Sie Paare und versuchen Sie zu erkennen, auf welche Art sie sich ergänzen. Sehen Sie sich besonders männlich wirkende Männer an. Welche Art von Frau finden Sie an der Seite eines Machos? In der Mehrzahl der Fälle werden es Frauen sein, die schon rein äußerlich viel Weiblichkeit verkörpern. Nur auf dieser Ebene betrachtet, könnten beide Teile sehr zufrieden sein. Eine weibliche Frau erhält an der Seite eines männlichen Mannes viel männliche Energie. Gleichzeitig wird sie im Selbstgefühl ihrer Fraulichkeit deutlich unterstützt, denn immer, wenn sie den Mann an ihrer Seite ansieht, wird sie den großen Unterschied zu sich als Frau erleben und damit ihre eigene Weiblichkeit spüren.

Lebt eine Frau eine Reihe männlicher Anteile, zum Beispiel, weil sie so erzogen wurde oder es in ihrem Beruf gefordert wird, würde ein spürbar männlicher Mann sie dabei unterstützen, sich fraulicher zu fühlen. Umgekehrt würde ein eher weicher Mann durch eine besonders weibliche Partnerin Unterstützung für die Entwicklung seiner männlichen Seiten bekommen.

Solange der jeweilige Magnet unbewusst wirkt, bekommen Männer mit weiblichen Anteilen vor allem Frauen mit ähnlich vielen männlichen Anteilen. Beobachten Sie Paare in Ihrer Umgebung und Sie werden die Bestätigung finden.

Wenn Sie das Geheimnis des Herzmagneten nutzen, öffnet sich Ihnen ein Weg, um bewusst an der Veränderung Ihrer Ausstrahlung zu arbeiten und damit die Art von Partnern anzuziehen, die Sie in Ihrer Weiblichkeit oder Männlichkeit fördern.

Sollten Sie als Mann anstreben, dass Ihr Magnet weiblichere Frauen anzieht als bisher, geht es darum, Ihre männliche Präsenz, Ihr Selbstgefühl, also Ihre »Art, anwesend zu sein«, zu erhöhen. Wenn Sie als Frau männlichere Männer anziehen wollen, so lassen Sie die Entfaltung Ihrer weiblichen Eigenschaften zu, zumindest im Privaten.

Für Ihre Ausstrahlung:
Tun Sie weniger, fühlen Sie mehr.
Vor allem sich selbst und
Ihr wundervolles Wesen.

Viele Frauen suchen in ihren Partnern Väter und viele Männer suchen in der Frau an ihrer Seite eine Mutter. Solange sie dies nicht erkennen, sind sie den automatisch ablaufenden Reaktionen auf ihren Magneten ausgeliefert.

Wenn Sie sich darüber klar sind, was in Ihrem Magneten bisher wirkte und was Sie tatsächlich erleben wollen, können Sie sich entscheiden »umzuschalten«. Klarheit bedeutet nicht, dass Sie sich kompromisslos nur für dies oder das entscheiden müssen. Klarheit bedeutet zu wissen, was Sie wirklich erleben und fühlen möchten, was sich derzeit in Ihrem Magneten befindet und was es anzieht. Klarheit bedeutet zu wissen, wer man ist, was man will und wie es geschieht.

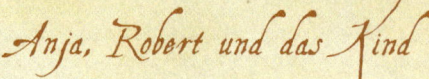

Anja, Robert und das Kind

Seit sie sich erinnern konnte, wünschte sich Anja, eine zweiunddreißigjährige Sporttrainerin, Kinder. Sie lernte Robert, einen erfolgreichen Unternehmer kennen. Robert hatte ähnliche Familienwünsche wie Anja. Beide fanden sich auf Anhieb attraktiv und verstanden sich sehr gut. Nach zwei Jahren zogen sie zusammen und sprachen immer wieder über ihre gemeinsamen Zukunftsideen.

Nach kurzer Zeit kamen immer mehr Spannungen auf, die sich auch durch wiederholte Aussprachen nicht lösten. Grundsätzlich ging es darum, dass Robert seine finanziell deutlich stärkere Position nutzte, um zu verlangen, dass Anja sich entsprechend seinen Vorstellungen über eine Partnerin verhielt. Vor allem sollte sie kochen lernen, seine Hemden bügeln und den Haushalt ordentlich führen und das, obwohl er dies vor dem Zusammenwohnen über andere Hilfen organisiert hatte.

Was auch immer Anja versuchte, ihr Partner vermittelte ihr ständig das Gefühl, sie sei weniger wert und gefühlsmäßig unreifer als er. Oft fühlte sie sich wie ein Kind bevormundet.

Eines Tages suchte Anja in einer Frage um ihre berufliche Zukunft Rat bei einem Freund. Es ging darum, welchen neuen Weg sie nach einer Kündigung einschlagen sollte. Im Gespräch sammelten beide zunächst Situationen, in denen Anja sich schon immer wohlgefühlt hatte, denn was das Herz zum Hüpfen und die Augen zum Leuchten bringt, ist immer ein Hinweis auf den passenden Lebensweg. Als sie Begabungen und Fähigkeiten zusammentrugen, wurde Anja bewusst, dass sie in der Gegenwart von Kindern innerlich erblühte und gleichzeitig Kinder ihre Gegenwart außerordentlich genossen. Auf eine Frage hin erklärte sie, *dass sie wahrscheinlich deshalb so gut bei Kindern ankam, weil sie sich mit ihnen auf derselben Ebene verbunden fühlte.*

Und plötzlich wurde ihr klar, warum ihr Partner sie wie ein Kind statt wie eine gleichwertige Partnerin behandelte. Sie fühlte sich in der Rolle eines Kindes wohler als in der Rolle einer erwachsenen Frau. Robert reagierte unwissentlich auf die Gefühle, die durch ihren Magneten nach außen strahlten. Seit Jahren zögerte er mit fadenscheinigen Begründungen hinaus, mit ihr eine Familie zu gründen, obwohl dies seit Jugend an seine Sehnsucht gewesen war. Jetzt war sich Anja über den Grund klar. Von der Ausstrahlung her hatte Robert bereits ein Kind: seine Partnerin.

Diese Erkenntnis erschütterte Anja tief. Plötzlich verstand sie, dass ihr Partner nur der Spiegel ihrer eigenen Sehnsucht – sich wie ein Kind fühlen zu wollen – war. Robert konnte sie gar nicht anders als »väterlich« behandeln, weil sie genau das ausstrahlte.

Aber sollte sie deshalb ihre Sehnsucht, mit Kindern umzugehen, aufgeben? Sollte sie, nur um mit ihrem Partner eine erwachsene Mann-Frau-Beziehung zu leben, ihre kindlichen Eigenschaften aufgeben?

Anja wusste um das Geheimnis ihres Magneten und beschloss einen Versuch. Sie erfand in ihrer Vorstellung einen inneren Schalter, den sie von »Kind« auf »Frau« umstellen konnte. Immer, wenn sie zu Hause ankam und den Zündschlüssel ihres Wagens herauszog, hielt sie einen Moment inne und schaltete um. Sie machte sich bewusst, dass sie kein Kind war, sondern eine erwachsene Frau, die gerade zu ihrem erwachsenen Mann nach Hause kam.

Sie sprach mit Robert nicht über ihre Entdeckung, sondern spürte nur, wie es sich anfühlte, als Frau nach Hause zu kommen. Bereits am ersten Abend, nachdem sie ihren Schalter umgestellt hatte, spürte sie,

wie ihr Partner sie respektvoller behandelte. Innerhalb kurzer Zeit än-
derte sich das Verhältnis zwischen beiden deutlich und je öfter Anja
sich daran erinnerte, wie es war, sich als Frau zu spüren, umso mehr
behandelte Robert sie wie eine gleichwertige Partnerin. Sein Wunsch,
Kinder mit ihr zu haben, kehrte zurück und die Forderungen nach
Hausfrauenarbeit hörten völlig auf. Er begann damit, sich mit ihr nach
einem Haus für die Familiengründung umzusehen.

Anja erkannte, dass die Beeinflussungsversuche nur Roberts unbe-
wusster Versuch gewesen waren, Beweise dafür zu bekommen, dass
sie erwachsene Frau und Mutter sein konnte, weil die Ausstrahlung in
ihrem Magneten dem widersprach. In dem Augenblick, als Anja sich
entschieden hatte, Frau zu sein, spürte Robert dies und das Bedürfnis,
sie verändern zu wollen, verschwand.

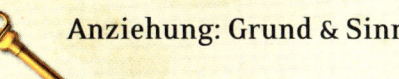

Anziehung: Grund & Sinn

Grund

Die Kraft Ihres Magneten zieht nicht nur Gleiches an, sondern Menschen, die nach dem suchen, was Sie ausstrahlen. Sie kommen, weil Ihre Ausstrahlung bestimmte Erlebnisse und Gefühle verspricht. Ihre Ausstrahlung besteht aus Ihren Gefühlen und diese sind das Ergebnis Ihrer Erlebnisse und Ihrer Sicht der Realität.

Sinn

- Der Sinn gegenseitiger Anziehung liegt darin, dass sich Menschen abseits üblicher Sinneswahrnehmungen »erkennen« können, um miteinander bestimmte Situationen zu erleben.
- Der tiefe Sinn jeder Begegnung liegt für beide immer darin, zu wachsen und mehr über sich selbst und andere zu erfahren.

Erlebtes Wissen zum ersten Geheimnis

- Erinnern Sie sich an wichtige Ereignisse und Menschen in Ihrer Vergangenheit. Auf welche Weise sind Sie durch diese lebensprägenden Begegnungen gewachsen? Haben Sie Ähnliches danach wieder angezogen oder war es gelöst?

◆ Beobachten Sie in Ihrem Bekanntenkreis Menschen, die als Freunde oder als Paar zusammengefunden haben. Angenommen, der Grund dafür wäre nicht nur das Vergnügen der gemeinsam verbrachten Zeit, sondern, etwas Bestimmtes miteinander zu erleben. Zu welchen Erlebnissen verhelfen sich beide und wer hat welche Rolle übernommen? Wer wächst durch welche Vorfälle und wer steckt gerade fest?

◆ Beobachten Sie Menschen, an denen Ihnen etwas auffällt. Was versuchen diese mit ihrer Kleidung, ihrem Verhalten, ihren Statussymbolen in ihr Leben zu ziehen? Wonach sehnen sie sich wahrscheinlich, wenn sie das tun, was Sie an ihnen beobachten?

Wie Sie Ihren Magneten neu ausrichten

◆ Wenn Sie verstehen und durch Beobachtung erleben, wie Ereignisse und Menschen aufeinander reagieren, werden Sie eine neue Sicht der Realität erhalten. Durch das Erleben der Kraft Ihres Magneten werden Sie beginnen, ihn bewusst zu verändern und einsetzen zu wollen. Dieses Wissen verändert Ihre Ausstrahlung deutlich in Richtung eines aktiven Gestalters.

◆ Entwerfen Sie »innere Schalter« und schalten Sie innerlich auf Ihre Zielausstrahlung um, sooft Sie wollen, und verändern Sie sonst nichts. Und dann beobachten Sie, was geschieht.

Das zweite
Geheimnis

„Was immer Sie anziehen,
zeigt Ihnen wie ein Spiegel,
was sich in Ihrem
Magneten befindet, damit
Sie sich klarer
ausrichten können."

Der Spiegel

Die Menschen und Ereignisse, die Sie in Ihr Leben gezogen haben, zeigen Ihnen wie ein Spiegel wichtige Teile Ihres Magneten. »Spiegel« bedeutet nicht, dass jeder, den Sie angezogen haben, so wäre wie Sie selbst. Es bedeutet, dass die andere Person auf etwas hinweist, was sich in Ihrem Magneten befindet.

Viele, die von dem Spiegelprinzip gehört haben, ahnen, dass es stimmen könnte, geben jedoch nach einigen Versuchen auf, es zu nutzen, weil sie die Zusammenhänge nicht erkennen können. Mal scheint es zu funktionieren, mal nicht.

Der Grund dafür ist, dass der Spiegel nicht einfach etwas spiegelt, was Sie selbst genau so sind. Er zeigt Ihnen viel mehr! Über das Geschehen im Außen können Sie erkennen, was genau in Ihrem Magneten wirkt. Und sobald Sie diesen Grund entdeckt haben, können Sie darauf Einfluss nehmen.

Ihr Herzmagnet wirkt auf vier Arten:
Er zieht Gleichartiges, Gegensätzliches,
Abgelehntes oder ein »Wunder« an.

*»Sie ziehen Ähnliches oder Gleichartiges an
oder fühlen sich von Ähnlichem
oder Gleichartigem angezogen.«*

Wenn Sie einen Menschen in Ihr Leben gezogen haben, bei dem Sie viele Gemeinsamkeiten entdecken, fühlt sich dies gut an und Sie verstehen auf Anhieb, warum Sie sich gegenseitig gefunden haben. Ähnlichkeiten fühlen sich vertraut an und Vertrautheit erzeugt das Gefühl von Sicherheit, Geborgenheit und Frieden - Gefühle, nach denen die meisten Menschen streben.

»Du bist in vieler Hinsicht wie ich. Das finde ich wundervoll.« In diesen Momenten erkennen Sie, wie Sie selbst sind. Sie bemerken am anderen etwas zu Ihnen Ähnliches und spüren dabei Liebe und Zuneigung zu dem, was Sie beobachten. Und weil es Ihnen ähnlich ist, spüren Sie nicht nur Liebe zum anderen, sondern auch Liebe zu sich selbst. Sie sehen und fühlen sich in der Person gegenüber. Das ist die erste Wirkung des Spiegels.

*Jedes Mal, wenn Sie eine Gemeinsamkeit feststellen,
spüren Sie sich selbst. Und jedes Mal, wenn Sie
sich entscheiden, den anderen dafür zu lieben, lieben
Sie sich selbst ein Stück mehr.*

*»Sie ziehen das Gegenteil an
oder fühlen sich vom Gegenteil angezogen.«*

Wenn ein Mensch, den Sie angezogen haben, in vielerlei Hinsicht von Ihnen verschieden ist, fragen Sie sich vielleicht, warum sie zusammengekommen sind. Schließlich vermittelt er Ihnen weniger das Gefühl von Vertrautheit, Verständnis oder Sicherheit als ein Mensch mit überwiegend ähnlichen Eigenschaften.

Für diese Art der Anziehung gibt es zwei Gründe. Eine solche Person kann entweder eine wundervolle Ergänzung zu Ihren Eigenschaften sein oder sie ist immer wieder eine Provokation. Manchmal geschieht beides, was - je nach Gewichtung - für eine lebendige oder für eine unerträgliche Beziehung sorgt. Auf jeden Fall erkennen Sie im Zusammensein mit einem solchen Menschen, was Ihnen Ergänzung gibt, wonach Sie sich sehnen und was Sie nicht mögen. Sie werden sich wieder ein Stück klarer darüber, wer Sie sind.

Jedes Mal, wenn Sie einen Unterschied zu einem anderen Menschen feststellen, spüren Sie, wo sie selbst stehen. Und jedes Mal können Sie sich entscheiden, wohin Sie sich entwickeln möchten, und werden dabei ein weiteres Stück Ihrer Stärke gewinnen.

»Sie ziehen genau das an,
was Sie auf jeden Fall vermeiden wollen.«

Wenn etwas - eine Art von Mensch oder bestimmte Situationen - in Ihrem Leben immer wieder auftaucht, obwohl Sie es vermeiden wollen, ist das einerseits lästig, andererseits ist es absolut perfekt, um herauszufinden, wo das Thema in Ihrem Magneten liegt, das dies verursacht. Unerwünschte Wiederholungen sind die besten Wegweiser. Sie zeigen Ihnen, wo sich ein Muster selbstständig gemacht hat und wie ein Undercover-Programm wirkt.

Was Sie ablehnen, ziehen Sie deshalb besonders stark an, weil es starke Gefühle und Vorstellungen weckt. Diese sind der Inhalt Ihres Magneten, von dem sich andere Menschen angezogen fühlen.

Sie können es sich so vorstellen, als erzeugten Sie einen »Film«. Vielleicht ist es zu Beginn ein kleiner, unscharfer Film, nur einige Bilder in Schwarz-Weiß und ohne Ton. Je mehr Sie zu diesem Thema erleben, desto intensiver wird Ihr Drehbuch darüber werden, was Sie »nicht wollen«. Ihr Film wird länger und detailreicher. Er bekommt Farbe und Ton und spätestens, wenn Sie Raumklang und Breitwand einführen, werden Sie scharenweise Besucher anziehen, die genau diesen Film suchen und den Inhalt gefühlsmäßig erleben wollen. Zusammen mit Ihnen als Hauptdarsteller.

Robert und die Fische

Drei Tage vor seinem vierzigsten Geburtstag lernte Robert Janet kennen, eine siebenunddreißigjährige Frau, die ganz in seiner Nähe wohnte. Robert hatte seit über einem Jahr intensiv an dem inneren Bild seiner Seelengefährtin gearbeitet, in das Janet auf Anhieb nicht hineinpasste. Vieles an ihr war so anders, als er es jemals erlebt hatte, dass er eine Partnerschaft schnell ausschloss. Befreit von der belastenden Idee, ein Paar werden zu müssen, verbrachten die beiden viel Zeit miteinander und genossen es, gegenseitig ihre Andersartigkeit zu entdecken.

Eines Abends lag Robert in seinem Bett und ließ die vergangenen Tage vor seinem inneren Auge Revue passieren. Und plötzlich, zwischen all den schönen Erinnerungen und Gefühlen, tauchte ein Gedanke auf: »Und wenn sie es doch ist?« Wenn sich etwas so schön anfühlte, könnte dies doch der Hinweis sein, dass Janet die gesuchte Frau war.

Beim nächsten Treffen nahm er Janet mit anderen Augen wahr. Er begann, sie unter der Idee zu beobachten, ob sie eine mögliche Partnerin sein könnte. Dabei fielen ihm Eigenschaften auf, die er zuvor gar nicht bemerkt hatte. Er bewunderte ihre langen schwarzen Haare, ihre geheimnisvollen dunklen Augen, ihre anmutigen schlanken Hände ... Und plötzlich war es um ihn geschehen. Robert spürte ganz deutlich, dass Janet die Frau war, nach der er sich immer gesehnt hatte.

Von all dem bemerkte Janet nicht gleich etwas, doch schnell kamen sich beide auch körperlich näher und Robert sah dies als Bestätigung, dass Janet ähnlich empfand wie er. Nach einigen Wochen brachte Janet das Gespräch auf ihre Beziehung und erklärte Robert, dass sie ihn sehr gerne mochte, sich ihn aber nicht als Partner vorstellen könnte. Robert konnte und wollte dies zunächst nicht glauben. Zu schön waren die vergangenen Wochen für ihn gewesen. Er begann, nach Gründen zu suchen, und wurde scheinbar bald fündig. In einem Buch las er, dass einige wenige Kombinationen von Sternzeichen für eine Partnerschaft ausgesprochen schwierig, wenn nicht sogar völlig unvereinbar wären. Er recherchierte in verschiedenen Quellen und bekam immer wieder die Bestätigung: Für ihn als Waage-Geborenen war eine Frau mit dem Sternzeichen Fische die denkbar ungünstigste Partnerin.

Ab diesem Zeitpunkt sah er in Janet die Frau, für die er intensive Gefühle von Liebe und Begehren empfand und die gleichzeitig niemals seine Partnerin werden konnte. Immer wenn er bei ihr war, hatte er das vor Augen, was er nie haben könnte. Robert wusste, dass er sich damit selbst die Grundlage für größtmöglichen Liebeskummer gelegt hatte, konnte jedoch nichts daran ändern.

Die Beziehung nahm mit allen Höhen und Tiefen ihren Lauf, bis sich beide schließlich nach einem Jahr vollständig trennten. Robert schwor sich, dass er niemals wieder ein solches Drama erleben und nie wieder eine Fische-Frau anziehen wollte.

Die nächsten drei Frauen, zu denen er sich hingezogen fühlte, waren im Sternzeichen Fische geboren. Er wusste um das Geheimnis seines Magneten und ihm war klar, dass er anzog, was er vermeiden wollte, konnte es jedoch nicht ändern. Inzwischen war sein Wunsch, eine Wiederholung des Liebesdramas zu vermeiden, so stark geworden, dass er auf einer Internetseite für Partnersuche in sieben von zehn Fällen allein aufgrund des Bildes eine Fische-Frau auswählte.

In einem Buch las er, dass Liebe und Annahme der kürzeste Weg zur Heilung wären. In seinem Fall war es der einzige Weg, den er erkennen konnte. Also entschied er sich, nicht mehr gegen seine Intuition und *seine Gefühle anzukämpfen, sondern sich selbst dafür zu lieben, dass er diese Frauen interessant fand.*

Nach fünf weiteren Monaten lernte er Katja kennen. Beide zogen sich auf Anhieb wie magnetisch an und Robert durfte feststellen, dass seine Intuition noch immer zuverlässig wirkte. Katja war ebenfalls im Sternzeichen Fische geboren und Robert liebte es, dies festzustellen! Inzwischen kannte er alle Eigenschaften, die man Fischen zuschrieb, so genau, dass es ihm Vergnügen bereitete, eine nach der anderen bei Katja zu entdecken. Und Katja wunderte sich über das größte Verständnis und die größte Toleranz, die ihr je ein Mann entgegengebracht hatte. Die beiden leben heute zusammen.

Häufig wird als Ausweg aus Wiederholungsschleifen geraten, sich intensiv das vorzustellen, was man will, anstatt sich mit dem zu beschäftigen, was man nicht will. Dieser Weg ist der kürzeste und einfachste - wenn er funktioniert.

Wenn er nicht funktioniert, was in der Mehrzahl der Fälle so ist, liegt es daran, dass die Ablehnung weiterhin vorhanden ist. Sie bleibt, auch wenn man sie verdrängt und mit anderen Wünschen überlagert, die stärkere Kraft im Magneten.

Mit jedem Gedanken und Gefühl, mit dem Sie etwas oder jemanden ablehnen oder verurteilen, zieht Ihr Magnet genau dies umso stärker an.

Sollten Sie jetzt denken, dass es ja schön und gut ist, um diesen Zusammenhang zu wissen, aber unmöglich, diese inneren Vorgänge auf Dauer zu unterdrücken oder zu »kontrollieren«, haben Sie vollkommen recht. Gefühle und Gedanken kontrollieren zu wollen ist – selbst wenn es einigen Menschen gelingt – keine gute Idee, es sei denn, Sie wollten hauptberuflich Zenmönch werden.

Der sanfte Weg

Es gibt einen Weg, der aus vier einfachen Schritten besteht, die Ihren Magneten zu diesem Thema grundlegend verändern. Das Schöne daran ist, dass Sie, im Gegensatz zu vielen anderen Wegen, nichts kontrollieren und nichts an sich verändern müssen. Sie müssen auch nichts »in den Griff bekommen« und nichts »in Ordnung bringen«, weil Sie – als der wundervolle, zauberhafte Mensch, der Sie sind – bereits in Ordnung sind. Es gibt da lediglich ein paar Gedanken in Ihrem Magneten, die einen Film erzeugen …
Dieser sanfte Weg trägt Sie behutsam, wie von allein, zu der neuen Ausstrahlung Ihres Magneten.

Schritt 1: Beobachten
Sie kontrollieren gar nichts. Sie wissen einfach nur, was geschieht. Sie wissen, wie Gedanken, Gefühle und Ihr Magnet wirken, und es fällt Ihnen auf. Oft wird es Ihnen auch nicht auffallen, das ist normal und vollkommen in Ordnung. Doch immer öfter werden Sie für einen

kurzen Moment »aufwachen« und sehen, was gerade geschieht: »Da ist wieder dieser Gedanke und erzeugt Gefühle, mit denen er den Magneten programmieren will.« Oder: »Da ist wieder diese Situation oder diese Art von Mensch/Verhalten, die mein Magnet anzieht. Interessant, wie das funktioniert!«

Je klarer Ihnen diese Wirkung wird, desto mehr wird ein spezieller Ablehnungsgedanke an Kraft verlieren. Das genügt für den ersten Schritt der Veränderung an Ihrem Herzmagneten.

Schritt 2: Verstehen

Je mehr Sie verstehen, warum Dinge in Ihrem Leben bisher genau so geschehen sind und nicht anders, umso mehr spüren Sie auch, dass es auf eine Art »in Ordnung« war. Vielleicht war das eine oder andere unangenehm, aber das ist Leben. Sind Sie völlig und ohne Zweifel sicher, dass es hätte anders sein *müssen*? Alle – auch Sie selbst – haben getan, was Sie tun mussten, weil Sie zum damaligen Zeitpunkt nicht anders konnten. Hätten Sie anders gekonnt, hätten Sie es ja getan. Verstehen hilft anzunehmen und anzunehmen hilft zu lieben. Nach kurzer Zeit wird Ihnen auffallen, welche abgelehnten Gedanken selbst über viele Jahre hinweg immer wieder auftauchen und starke Gefühle erzeugen. Obwohl sich im Leben zu diesem Thema nichts ändert, drehen sie sich ewig im Kopf wie ein Mühlstein. Solche Gedanken sind für Ihr Leben komplett sinnlos. Was soll ein Gedanke, dem niemals weder eine Erkenntnis noch eine Tat, noch sonst eine Bewegung oder Veränderung folgt? Er ist nichts als Ballast. Sollten Sie einen dieser Mühlsteine aufgestöbert und eine Weile beobachtet haben, spüren Sie in sich hinein, ob Sie Lust haben, ihn aufzulösen. Denken Sie daran: Er wird sich auch auflösen, wenn Sie nichts tun, weil Sie ab sofort wissen, wie er wirkt. Sollten Sie jedoch das Gefühl haben, etwas tun zu wollen, versuchen Sie den nächsten einfachen Schritt.

Schritt 3: Annehmen

Etwas innerlich anzunehmen ist viel einfacher, als man denkt. Annehmen bedeutet *nicht* »prima finden«. Es bedeutet nicht, es lieben zu müssen. Es bedeutet nicht, es »auflösen« zu müssen. Es bedeutet nur, zu sehen, dass es so ist, wie es ist, und dass man auch mit diesem Thema ein wundervoller liebenswerter Mensch ist.

Wenn Sie innerlich einfach nur wahrnehmen, was da ist, ohne es zu bekämpfen, sehen Sie die Wahrheit. Sie wollen nicht mehr vermeiden, hinzusehen. Und was Sie nicht mehr vermeiden wollen, zieht Ihr Magnet nicht mehr an.

»Ich bin genau so, wie ich gerade bin. Traurig, freudig, ängstlich, euphorisch, schüchtern, verletzt, gefühlvoll, sehnsüchtig ...« Das ist die Tatsache. Annehmen bedeutet ganz einfach, die Wahrheit in diesem Augenblick zu sehen. Zu erkennen, dass jeder Mensch auf dieser Welt seine Lebensthemen hat und dass dies völlig in Ordnung ist, weil es ein Teil unseres Menschseins ist. Es ist normal. Vielleicht entdecken Sie sogar, dass es genau diese großen und kleinen Unvollkommenheiten sind, wofür Sie einen anderen Menschen lieben. Und vielleicht spüren Sie, während Sie es bei einem anderen Menschen zu lieben beginnen, wie Sie genau das auch an sich selbst lieben?

Schritt 4: Entscheiden

Jetzt, wo Sie um diese Kraft wissen, werden solche Gedanken nicht einfach verschwinden. Doch sie werden immer weniger und machtloser werden, je klarer Ihnen wird: »Umso häufiger ich das hier weiter denke, desto mehr ziehe ich es geradezu magisch an. Will ich das? Nein. Was könnte ich sonst denken? Zum Beispiel an Möglichkeiten, wie ich es verbessere.«

Es kann eine Zeitverzögerung zwischen Ihrer Erkenntnis und der Reaktion im Außen geben, sodass trotz Ihrer neuen Klarheit für eine Weile weiterhin die bekannten Ereignisse oder Menschentypen auftreten können. Sie sehen dann Ihre eigene Vergangenheit. Aber ab sofort wissen Sie jedes Mal, warum es geschieht, und dadurch wird die anziehende Kraft in Ihrem Magneten ständig geringer.

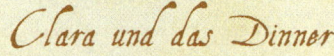

Clara und das Dinner

Clara ist Angestellte in einem technischen Unternehmen. Nach einer Reihe »schlechter« Erfahrungen hatte sie längere Zeit keinen Mut mehr gehabt, sich auf eine neue Beziehung einzulassen. Eines Tages jedoch lernte sie Peter, einen Arbeitskollegen, näher kennen und die beiden verabredeten sich zum gemeinsamen Kochen in Claras Wohnung. Der Abend lief gut an, das Gericht gelang, und Clara fühlte sich wohl. Sie schickte Peter mit zwei gefüllten Schüsseln ins Wohnzimmer und erledigte selbst noch eine Kleinigkeit in der Küche. Als sie kurz darauf zum Esstisch kam, traf sie fast der Schlag: Peter hatte bereits mit dem Essen begonnen. Das wäre an sich schon ungewöhnlich genug gewesen, denn die überwiegende

Mehrheit der Männer würde damit beim ersten Rendezvous sicherlich auf ihre Gastgeberin warten. Doch in Claras Fall kam noch eine Tatsache hinzu: Ihr Vater hatte genau dieses Verhalten ein Leben lang gegenüber ihrer Mutter praktiziert. Clara hatte es von Kind an beobachtet und die Missachtung und Ablehnung ihres Vaters der Mutter gegenüber gespürt. Mit dem Essen anzufangen, ehe die Partnerin am Tisch sitzt, war für sie ein albtraumhaftes Symbol für Lieblosigkeit.

Sie sprach mit Peter darüber und stellte fest, dass dieser mit der Situation keinerlei Probleme hatte, denn in seiner Familie war dieses Verhalten zwischen den Eltern ebenfalls normal gewesen. Zwischen beiden entwickelte sich eine lebhafte Diskussion, die darauf hinauslief, dass Peter Clara Unreife vorwarf.

Am Ende war der Abend deutlich unromantischer verlaufen, als geplant. Weil Clara Peter dennoch sympathisch fand, trafen sich die beiden noch zwei Mal. Jedes Treffen lief letztlich auf Diskussionen über Probleme hinaus und Clara wusste nicht, wie sie sich verhalten sollte. Schließlich hatte sie eine Idee: Sie erfand in ihrer Vorstellung etwas, das Sie einen »problemfreien Raum« nannte. Sie erzählte Peter davon und beide vereinbarten, dass sie ihre Treffen künftig wie das gemeinsame Betreten eines solchen Raums ansehen würden. Es funktionierte! Immer, wenn einer der beiden über ein Problem sprechen wollte, überlegte er zuvor, ob er den Raum zerstören wollte oder lieber zu einer schönen Stimmung beitragen wollte. Probleme diskutierten sie dennoch, aber zu anderen Gelegenheiten, außerhalb ihres selbst geschaffenen Raums. Es entstand keine Liebesbeziehung, doch eine gute Freundschaft.

»Sie ziehen etwas für Sie Unerklärliches,
Überraschendes, Neues an.
Vielleicht nennen Sie es ein Wunder.«

Jedes Mal, wenn so etwas wie ein Wunder in Ihr Leben tritt, rüttelt es an dem, was Sie bisher über sich und Ihr Leben zu wissen glaubten. Sie versuchen, das Wunder zu verstehen, aber es lässt sich nicht begreifen. Sie können es nur als Geschenk annehmen. Möglicherweise spüren Sie genau in diesem Augenblick, wie sehr das Universum Sie liebt. Selbst wenn Sie es nicht sofort verstehen, so hat dennoch etwas in Ihrem Magneten dieses Wunder angezogen oder ausgelöst. Nehmen Sie sich einen Moment Zeit und erinnern Sie sich an ein solches Erlebnis. Vielleicht wollten Sie unbedingt etwas erreichen. Vielleicht suchten Sie intensiv einen Partner. Oder Sie kämpften seit Langem gegen etwas oder für etwas. Vielleicht versuchten Sie, einen Menschen unbedingt von etwas zu überzeugen? Erinnern Sie sich, wie Sie sich dabei fühlten und wie schwierig und zäh alles war? Je mehr Sie daran arbeiteten, desto schwieriger fühlte es sich an. Und als Sie sich entschieden, dass es sinnlos wäre, weiter so zu handeln, als sie es schon irgendwie aufgegeben hatten und gerade dabei waren, sich mit dem Gedanken anzufreunden, dass Ihr Leben auch ohne das Eintreffen dieses Ereignisses weitergehen würde ... Genau dann geschah es. Und es kam auf ganz anderen Wegen zu Ihnen, als Sie es für möglich gehalten hätten.

Sie befanden sich damals in einem besonderen inneren Zustand. Wahrscheinlich waren Sie auf eine gewisse Art glücklich. Erleichtert. Wahrscheinlich hatten Sie etwas losgelassen. Einen Menschen, eine Idee, in die Sie sich verbissen hatten. Wahrscheinlich hatten Sie aufgegeben, es erzwingen zu wollen. Sie haben nicht als Trotzreaktion aufgegeben oder in Wut. Sie haben sich nicht unzulänglich oder wie ein Opfer gefühlt. Auf eine Weise haben Sie es einfach dem Universum überlassen, weil Sie erkannten, dass Sie selbst nichts mehr tun konnten.

Sie lieben Wunder? Geben Sie das Gefühl von Hingabe in Ihren Magneten und erwarten Sie nichts. Und wenn Sie doch etwas erwarten wollen, erwarten Sie einfach ein Wunder.

Wenn Sie sich an das Gefühl erinnern, das Sie hatten, als Sie die Angelegenheit dem Universum übergeben haben, dann spüren Sie genau das Gefühl, das das Ereignis angezogen hat.

Es wird als »Hingabe« bezeichnet. Sie hatten alles getan, was Sie als Mensch tun konnten, und dann ließen Sie es los. Sie gaben nicht auf. Sie ließen es nur los. In Liebe, nicht in Groll. Sie erkannten Ihre Grenze und spürten, wo etwas Höheres beginnt, auf das Sie durch Ihr Wollen und Handeln keinen Einfluss haben.

Das Spüren dieser Grenze, so sagen viele Weisheitslehrer aus allen Kulturen und Epochen, sei die Grenze zum Göttlichen. Wie auch immer Sie es für sich bezeichnen, ist Ihre Wahl - wichtig ist, dass

Sie das Gefühl bewusst wahrnehmen, denn damit können Sie Ihren Magneten in scheinbar aussichtslosen Situationen neu ausrichten. Wunder treten ein, wenn wir loslassen. Wenn wir aufhören, um etwas zu kämpfen, von dem wir glaubten, wir müssten es unbedingt erreichen, geschieht oft etwas völlig Unerwartetes. Es erscheint wie ein Wunder, aber es wurde ebenso vom Herzmagneten angezogen. Eines der schönsten Beispiele ist das Wunder der Liebe. Das Auftauchen von Liebe zwischen zwei Menschen kann nur geschehen, wenn sie nicht gewollt wird. Kontrolle verhindert Liebe. Wenn Sie wirklich loslassen, entsteht Raum sowohl für die Liebe eines anderen Menschen zu Ihnen als auch für Ihre Liebe zu Ihrem eigenen Leben.

Der Spiegel: Grund & Sinn

Grund

◆ Die Menschen um Sie herum und deren Verhalten sind nicht zufällig. Entweder Sie haben irgendwann deren Nähe gesucht oder umgekehrt oder beides.

◆ Die Menschen und Situationen in Ihrem Leben weisen auf Ursachen in Ihrem Magneten hin. Ursachen für positive Ereignisse können Sie bewusst stärken. Ursachen für negativ empfundene Ereignisse können Sie gezielt auflösen.

Sinn

◆ Der Sinn von angezogenen Ereignissen und Menschen liegt darin, zu spüren, wer Sie sind, wo Sie gerade stehen, und zu entscheiden, in welche Richtung Sie Ihr Leben steuern möchten.

◆ Der Spiegel zeigt Ihnen, was Ihr Magnet in der Vergangenheit angezogen hat, damit Sie jetzt neue Entscheidungen treffen können.

Erlebtes Wissen zum zweiten Geheimnis

◆ Betrachten Sie die Menschen, die in Ihrem Leben eine Rolle spielen oder gespielt haben. Warum haben Sie sich angezogen? Auf welchen Gebieten verstärken, ergänzen oder reiben Sie sich?

◆ Beobachten Sie, welche Eigenschaften Sie unter Ihren Freunden und Bekannten finden. Wo denken diese ähnlich über Dinge, die

Ihnen wesentlich sind? Wo verurteilen sie etwas? Wo sind festgefahrene Ansichten? Bei wem und worin finden Sie grundlegend abweichende Eigenschaften zu Ihren? Was immer davon in Ihnen deutliche Gefühle auslöst, zeigt Ihnen, was Sie wollen und was Sie nicht wollen. Es gibt Ihnen Klarheit über sich selbst.

◆ Beobachten Sie, wenn sich jemand über etwas aufregt. Oft ärgert er sich über seinen Spiegel, der ihm etwas in seinem eigenen Magneten zeigt. Oft verurteilt er an anderen genau das, was er selbst in sich trägt und nicht gelöst hat.

◆ Beobachten Sie Menschen, die erfolgreich sind. Wie gehen diese mit ihrem Spiegel um? Wie handhaben sie positive und negative Ereignisse und Begegnungen? Sehr oft sind diese Menschen in der Lage, aus jedem Ereignis eine Lehre zu ziehen und daraufhin ihr Leben und Handeln schnell neu auszurichten.

Wie Sie Ihren Magneten neu ausrichten

Ihr Magnet verändert bereits in dem Augenblick seine Wirkung, in dem Sie über den Spiegel erkannt haben, warum Sie bisher bestimmte Ereignisse, Menschen und Verhaltensweisen genau so und nicht anders angezogen haben. Wenn Sie »Thema«, Ursache und Zusammenhang erkannt haben, haben Sie den ersten Schritt der Veränderung bereits vollzogen und ein deutlicher Teil der alten Anziehungskraft zum betreffenden Thema löst sich auf.

Das dritte Geheimnis

„Ihre Klarheit zieht aus dem
Chaos an unzähligen Möglichkeiten
genau die Menschen
und Ereignisse heraus,
die zu Ihnen passen."

Klarheit

Die Realität, die Sie umgibt, ist mit unendlich viel mehr Möglichkeiten und Dingen angefüllt, als Sie es wahrnehmen oder auch nur denken können. Kurz gesagt, gibt es einfach alles. Jede Art von Mensch, jede Art von Verhalten. Wollten Sie alles erfassen und verstehen, hätten Sie für Ihr eigentliches Leben keine Zeit mehr.

Bei einem Bummel durch ein großes Einkaufszentrum würden Sie erst gar nicht auf die Idee kommen, alles anzusehen, und schon gar nicht, die Funktion und den Aufbau aller angebotenen Waren zu verstehen. Selbst bei absichtslosem Herumschlendern werden Ihnen vor allem die Dinge auffallen, die irgendwie zu Ihnen und Ihrem Leben passen.

Es ist nicht Ihre Aufgabe, alles zu begreifen. Ihre Aufgabe ist es, aus der unendlichen Menge von Möglichkeiten genau diejenigen herauszuziehen, die in Ihren persönlichen Lebensplan passen. Und dafür wäre es gut, zumindest eine Art Vorstellung zu haben. Vielleicht nennen Sie es eine »Lebensidee«.

Wer sind Sie? Wohin wollen Sie? Was sind Ihre Sehnsüchte? Was möchten Sie unbedingt noch erleben? Mit welcher Art von Menschen möchten Sie zusammen sein? Was ist für Sie der Sinn Ihres Lebens, im Augenblick oder grundsätzlich?

Das sind keine einfachen Fragen und selbst wenn man Antworten gefunden hat, ändern sich diese im Laufe der Zeit immer wieder. Zum Glück geht es nicht um vollständige oder endgültige Antworten. Es geht darum, ein Gefühl zu entwickeln, in welche Richtung man steuern will. Dieses Gefühl für den Fluss des eigenen Lebens erzeugt einen klaren und kraftvoll anziehenden Magneten.

Die Kraft der Sehnsucht

Angenommen, Sie leben das, was viele ein »normales« Leben nennen. Sie essen, trinken, schlafen, gehen in Ihre Arbeit, begegnen Menschen, haben ein Hobby und fahren gelegentlich in den Urlaub. Das kann ein wirklich wundervolles Leben sein, wenn Sie es genau so lieben und als perfekt empfinden. Ein solches Leben ist ein Paradies, solange Sie nicht das Gefühl überkommt, es würde etwas fehlen.

Aber wenn doch ... Was ist dieses »Etwas«? Sehr wahrscheinlich ist es eine unerfüllte Sehnsucht.

Sehnsucht ist eine der stärksten Kräfte in Ihrem Magneten. Diese Kraft kann alles herbeiführen, was Sie sich wünschen.
Oder sie kann es verhindern.

Die Kraft Ihrer Sehnsucht ist wie die Kraft eines Mannes mit einem Werkzeugkasten. Er kann damit eine Hütte bauen oder er kann sie abreißen. Ihre Sehnsucht kann Sie in Ihrem Leben voranbringen und etwas erschaffen. Oder sie kann Sie als unerfüllte Sehnsucht fast zerstören. Es ist ein und dieselbe Kraft. Was damit geschieht, bestimmen Sie.

Eine Sehnsucht bedeutet nicht unbedingt, dass Sie ein bestimmtes Ziel erreichen müssen, um sie zu stillen. Sie zeigt Ihnen vor allem, welche Art von Gefühl Sie erleben wollen.

Viele Menschen spüren eine Sehnsucht in sich aufkommen, wenn sie Segelboote auf dem Meer sehen. Sie träumen von fernen Ländern und von Abenteuern. Vor allem aber träumen sie von Freiheit. Manche beschließen, diese Sehnsucht zu erfüllen. Sie arbeiten viele Jahre hart, um das Geld für ein großes Boot zu ersparen. Statt Freiheit zu erleben, erzeugen sie während dieser Zeit für sich selbst noch mehr Beschränkung. Sie verlegen ihr Glück in die Zukunft.

Sobald Sie erkennen, dass hinter jeder Sehnsucht der Wunsch steht, bestimmte Gefühle zu erleben, können Sie entscheiden, ob es für Sie nötig ist, das konkrete Ziel der Sehnsucht zu erreichen oder ob Sie sich die Gefühle auch auf andere Weise in Ihr Leben holen können.

Der Weg, um die Kraft einer starken Sehnsucht zu nutzen, ist einfach: Geben Sie ihr einen Kanal, durch den sie fließen und etwas erschaffen kann. Für die Anziehungskräfte in Ihrem Magneten ist wichtig, dass Sie Ihre Sehnsüchte nicht einsperren, denn was werden Sie ausstrahlen, wenn Sie immer wieder deutlich spüren, wie sehr Ihnen etwas fehlt? Unzufriedenheit. Sollten Sie vorhaben, zufriedene Menschen in Ihr Leben zu ziehen, ist die Ausstrahlung von Unzufriedenheit nicht ideal.

Das Beste, was Sie für sich tun können, ist, sich über Ihre Lebensidee klar zu werden und zu fühlen, dass Sie auf dem Weg zu Ihrer perfekten Zukunft sind.

Welche Menschen werden Sie wahrscheinlich anziehen, wenn Sie selbst noch wenig Klarheit über Ihre Lebensidee haben?

◆ Menschen, die ebenfalls keine besondere Lebensidee haben. Das kann perfekt sein, weil ganz einfach das gemeinsame Leben der Sinn und die Erfüllung sein kann. Es kann aber auch sein, dass es schnell langweilig, unerfüllt und spannungsgeladen wird. Der Grund in diesem Fall ist, dass weder Wachstum noch Ausgleich, noch Ergänzung stattfindet.

◆ Menschen, die es prima finden, dass Sie keine Lebensidee haben, weil sie Sie dann leicht in ihre eigene Idee integrieren können. Kennen Sie das? Wie lange hält man es aus, zum Teil der Lebensidee eines anderen gemacht zu werden?

◆ Gar niemanden, weil Sie den ersten und zweiten Fall bereits erlebt haben und nicht mehr zulassen. Und der Typ von Mensch, den Sie suchen – mit einer klaren Vorstellung – wird sich von Ihnen nicht angezogen fühlen, weil er ganz klar nach einem gleichartigen Partner zur Erfüllung seiner Sehnsüchte sucht.

„Das Glück deines Lebens hängt von der Beschaffenheit deiner Gedanken ab."

Marcus Aurelius

römischer Kaiser

* 26. 04. 121 - Rom † 17. 03. 180 - Vindobona

Die Kraft Ihrer Gedanken

Wenn es um die Erschaffung der eigenen Zukunft geht, wird oft beschrieben, dass die Kraft Ihrer Gedanken, Wünsche und Vorstellungen wie ein Magnet funktioniert, der Menschen und Ereignisse in Ihre persönliche Realität zieht. Tatsächlich aber sind es nicht Ihre Gedanken allein, die hier wirken, sondern Ihre Gefühle, die mit bestimmten Gedanken verbunden sind. Der Gedanke ist nur der Zündschlüssel, das Gefühl ist der eigentliche Motor.

Vielleicht haben Sie schon über die Kraft des Wünschens gelesen oder davon gehört. Und vielleicht haben Sie es auch schon versucht und nach anfänglicher Begeisterung und kleineren Erfolgen wieder davon abgelassen, weil es für Sie nicht ausreichend funktioniert.

Dann werden die folgenden praktischen Schritte Ihrem Herzmagneten genau den Schub geben, auf den Sie gewartet haben.

Wenn die Kraft des Wünschens bei Ihnen bislang nicht funktioniert hat, gibt es drei wahrscheinliche Gründe:

1. Blockade: Sie wollen etwas haben

Warum? Oft, weil Sie spüren, dass Ihnen etwas fehlt. Sie spüren Mangel. Zu Beginn erzeugen Sie eine enorme positive Gefühlskraft, weil Sie davon begeistert sind, sich etwas wünschen zu dürfen. Ihr inneres Kind hat ein neues Spiel entdeckt. Das ist genau der richtige Startschuss für Ihren Herzmagneten. Doch sehr bald verliert das Kind die Begeisterung daran, zu wünschen, ohne etwas zu bekommen. Es dauert zu lange. Das Kind wird lustlos, enttäuscht oder gar wütend und verärgert auf diejenigen, die dieses sinnlose Spiel vorgeschlagen haben. Oft beschließt es, dass dieser Weg gänzlich ins Reich des Unsinns gehört.

 *Ein schöner Gedanke ohne Gefühl ist wie eine Blume ohne Wasser. Er verliert rapide an Kraft und Schönheit. Und wenn er nicht mehr schön ist, beachten Sie ihn nicht mehr.*

2. Blockade: Sie sehen das Ziel in der Ferne

Ja, es ist perfekt, wenn Sie sich Ihr Ziel so lebhaft wie möglich vorstellen können. Die Gegenkraft, die jedoch häufig dabei aufkommt, ist das Gefühl der Distanz zwischen Ihnen und dem Ziel. Sie spüren, dass Sie es jetzt nicht haben. Sie fühlen sich von Ihrem Ziel getrennt und genau dies prägt Ihren Magneten.

Angenommen, es wird Ihnen geraten, Sie sollten sich teure Häuser ansehen, auch wenn Sie noch kein Geld dafür haben. Oder Sie sollten Ihr Traumauto Probe fahren, auch wenn Sie keinen Schimmer haben, wie Sie jemals auch nur annähernd das Geld dafür bekommen sollen.

Sie bewirken damit tatsächlich eine starke Anziehung in Ihrem Herzmagneten, sofern in Ihnen gleichzeitig ein Gefühl entsteht, dass Sie »auf dem Weg« sind. Sie müssen den Weg nicht im Detail wissen. Eigentlich brauchen Sie gar nicht wissen, wie es zu Ihnen kommt, solange Sie wirklich spüren, dass Sie auf dem Weg sind.

Falls nicht, ist das der Grund für die Blockade. Ihr inneres Kind hat keine Lust darauf, dass ihm immer wieder Belohnungen vor die Nase gehalten werden, ohne dass es eine Chance spürt, sie auch tatsächlich zu erhalten.

3. Blockade: Es ist Ihnen wichtig

Vielleicht kennen Sie das: Wenn es um nichts geht, gelingen Ihnen Dinge oft spielerisch. Sobald Sie glauben, es wäre wichtig, ob Sie es schaffen oder nicht, geht es schief oder erzeugt zumindest wenig schöne Gefühle und viel Mühe. Wichtigkeit ist eine Blockade, die Sie am Spielen hindert. Wenn Sie Ihrem inneren Kind sagen, es solle eine Sandburg bauen, aber es wäre extrem wichtig, dass sie genau so und so aussehe und bis dann und dann fertig wäre ... Wo bleibt da der Spaß am Erschaffen?

„Der Weg ist das Ziel."

Konfuzius

Begründer des Konfuzianismus

* 551 v. Chr. - Qufu † 479 v. Chr. - Qufu

Kraft ohne Anstrengung: Absicht, Weg und Freude

 Die erste entscheidende Kraft: Die Absicht haben statt den Wunsch

Statt einen Partner in Ihrem Leben »haben zu wollen«, könnten Sie spüren, dass Sie beschlossen haben, einen zu haben. Sprechen Sie mit anderen nicht über Ihre »Wünsche«. Sprechen Sie – wenn überhaupt – darüber, was Sie beschlossen haben »zu haben«. Spüren Sie den Unterschied? Fühlt sich dieser Gedanke befreiend an? Als würde eine Last von Ihnen genommen werden? Das ist das Gefühl der Absicht, um das es geht. Es steckt kein Mangel darin. Wenn Sie etwas »wünschen«, hängt daran oft das Gefühl, Sie müssten etwas »tun«. Zum Beispiel »richtig« wünschen oder »es gut machen« oder warten. Hinter der Idee des Wünschens verbirgt sich häufig der Gedanke, dass es etwas oder jemanden geben muss, der den Wunsch erfüllt. Und davon sind Sie dann abhängig.

Wenn Sie hingegen »beschließen, es zu haben«, haben Sie es bereits in Gang gesetzt. Sie müssen sich weder darum kümmern noch es gut machen, noch darauf warten. Es ist in Gang gesetzt, weil Sie es entschieden haben.

 Die zweite entscheidende Kraft:
Den Weg spüren statt nur das Ziel

Stellen Sie sich vor, Sie haben sich mit einem Freund oder einer Freundin verabredet, um morgen Abend ins Kino gehen. Oder in Ihr Lieblingsrestaurant. Können Sie bereits jetzt spüren, wie Sie auf dem Weg dorthin sind? Wie es auf Sie zukommt? Es besteht kein Zweifel, dass Sie es tun werden. Selbst wenn etwas dazwischenkommen sollte, würden Sie einfach den Termin etwas verschieben.

Das ist das Gefühl, »auf dem Weg zu sein«. Sie spüren, dass drei Dinge eine Einheit sind: Sie selbst, hier und jetzt; Ihr Ziel; der Weg zu Ihrem Ziel. Wenn Sie diese Einheit spüren, brauchen Sie sich um die Art und Weise, wie Sie Ihr Ziel erreichen, keine Sorgen zu machen.

Womit Sie sich eins fühlen können...

◆ Mit dem Gefühl, Ihren künftigen Partner an der Seite zu haben. Mit dem Gefühl, dass Ihre beiden Lebenswege sich unvermeidlich aufeinanderzu bewegen. Und mit Ihrer eigenen Anwesenheit im Hier und Jetzt, auf diesem Punkt Ihres Lebensweges.

◆ Mit Ihrer - auf Ihrer Lebenslinie liegenden - Arbeitsstelle, in der Sie sich so wohlfühlen wie unter Freunden. Mit dem Gefühl der Bewegung dorthin. Und Sie selbst, hier und jetzt.

- Ihr perfekter Urlaub. All Ihre Handlungen, die Sie genau zu diesem Ort bringen. Und Sie selbst, hier und jetzt.
- Mit dem Gefühl, wie Sie schon immer leben wollen. Ihr Leben, wie es im Augenblick ist (nicht als Dauerzustand, sondern nur als Zwischenstation). Und Sie selbst, hier und jetzt.

Spüren Sie, dass alles richtig ist, weil Sie immer auf dem Weg sind?

 Die dritte entscheidende Kraft:
Freude spüren statt Wichtigkeit

Wenn Sie sich entscheiden, ins Kino zu gehen, um einen wundervollen Film zu sehen, oder ein schönes Restaurant aufzusuchen, um Ihr Lieblingsgericht zu genießen ... Ist das »wichtig«? Hat es für Ihr Leben »Bedeutung«? Oder tun Sie es, weil es Ihnen Spaß macht?

Natürlich gibt es Situationen im Leben, die sehr belasten, und nichts ist verständlicher als der Wunsch, dies verändern zu wollen. Doch je wichtiger wir solche Situationen nehmen, desto mehr leiden wir. Dieses Leiden nimmt jegliche Kraft, die nötig wäre, um eine andere Zukunft zu erschaffen.

Es gibt Möglichkeiten, um das Gefühl der Wichtigkeit zu verringern, damit Sie frei werden für das Gefühl von Freude am neuen Erschaffen.

- Stellen Sie sich vor, Sie wären zehn oder zwanzig Jahre weiter und würden auf Ihr derzeitiges Problem zurückblicken. Ist dieser Augenblick oder dieses Ziel - auf Ihre gesamte Lebenszeit gesehen - wirklich so extrem wichtig?
- Ist es wirklich wahr, dass Sie glücklich sein werden, wenn Sie dieses Ziel erreicht haben? Nicht ungefähr oder wahrscheinlich ...

Können Sie es mit absoluter Sicherheit sagen? Was Sie ersehnen oder gerade anstreben, ist, ganz ehrlich gesehen, nur ein Versuch, um zu sehen, ob es stimmt. Es auszuprobieren macht Spaß, es zu »müssen« nicht.

◆ Haben Sie einen »Plan B«? Es wirkt beruhigend, eine Idee zu haben, wohin Sie ihr Leben lenken würden, falls Ihr Ziel scheitern sollte. Es wird nicht scheitern, weil Sie spüren, dass Sie bereits auf dem Weg sind. Aber selbst wenn, wäre es nicht schlimm. Sie sind frei, um immer wieder neue Wege des Universums zu erkunden. Das ist das Abenteuer, weshalb Sie hier sind. Alternativen im Spiel des Lebens zu spüren, ist die Kraft von »Plan B«.

Achtung Falle!

Wie Ihre Wunschvorstellungen auf einen Menschen wirken

Das wundervolle Werkzeug des »Wünschens« kann dazu führen, dass sich ein potenzieller Partner wie magisch von Ihnen angezogen fühlt. In dem Augenblick, in dem diese möglicherweise passende Person in Ihr Leben tritt, sollten Sie Ihre Art der Wunscherfüllung unbedingt verändern, sonst könnten Sie das Gegenteil bewirken! Setzen Sie die Person nicht in Ihren inneren Film ein, solange Sie noch in der frühen Phase des Kennenlernens sind. Natürlich ist es eine große Verlockung, dies zu tun, aber sehen Sie, was tatsächlich geschieht und wie es wirkt:

Im ersten Schritt ...

... der Anziehung eines passenden Partners versetzen Sie sich möglichst oft in die Fantasie, wie Sie sich fühlen möchten, wenn Sie mit der passenden Person zusammen wären. Kümmern Sie sich nicht um Äußerlichkeiten, sondern spüren Sie immer wieder das Gefühl, als wenn die Person schon bei Ihnen wäre, und spüren Sie gleichzeitig, dass Sie bereits auf dem Weg zu dieser Art von Leben sind. Dadurch erzeugen Sie in Ihrem Herzmagneten ein starkes Feld, auf das Menschen mit ähnlichen Sehnsüchten positiv reagieren.

Im zweiten Schritt ...

... taucht ein zu Ihren Gefühlen passender Mensch in Ihrem Leben auf. Man wird sich zu Beginn über genau die Gemeinsamkeiten und ähnlichen Lebensideen freuen, welche für die Anziehung gesorgt haben. Eine wundervolle Zeit des gegenseitigen Entdeckens beginnt. Bis jetzt ist es perfekt verlaufen.

Im dritten Schritt ...

... geschieht es oft, dass man sich über die Zukunft mit dieser Person Gedanken macht. Man hat bereits so viele eingetroffene Wunscheigenschaften festgestellt, dass es naheliegt zu glauben, der Rest der Person würde ebenfalls vollkommen zu den eigenen Lebensvorstellungen passen. Dennoch beginnt ein Teil in einem selbst zu ahnen, dass nicht wirklich alles perfekt passen könnte. Weil diese Ahnung den Traum angreift und sich das nicht schön anfühlt, wird sie unterdrückt.

Im vierten Schritt ...

... setzt eine intensive Wunschvorstellung über die andere Person ein, die »Projektion« genannt wird. Man projiziert seinen eigenen Liebesfilm auf den anderen Menschen wie auf eine Leinwand. Man sieht den anderen nicht mehr, wie er wirklich ist. Natürlich sind es nur »gute« Gedanken und Gefühle, die Sie sich vorstellen, aber dennoch können genau diese die Ursache für das beginnende Problem sein. Der Grund liegt darin, dass dieses ungefragte »Verfügen« über den anderen von diesem intuitiv gespürt und als unangenehm wahrgenommen wird.

Stellen Sie sich vor, Sie selbst begegnen einem potenziellen Partner, brauchen aber Zeit, um sich Ihrer Gefühle klar zu werden. Wie würden Sie sich fühlen, wenn Sie wüssten, dass der andere Sie in seinen Gedanken bereits zu einem festen Bestandteil seiner Zukunft macht?

Tatsächlich können Sie das sogar körperlich spüren. Das Gefühl, das aus solchen Projektionen entsteht, beschreiben Betroffene oft als einengend, erstickend oder bedrohlich. Ein Druck auf der Brust oder ein Kloß im Hals und das unerklärliche Gefühl, fliehen zu wollen.

Auf diese Weise können eigentlich gut gemeinte und dem Gefühl von Verliebtheit entspringende Gedanken das Gegenteil von dem bewirken, was Sie sich ersehnen.

Wünschen und erwarten Sie so viel und gut Sie können. Und hören Sie sofort damit auf, sobald es eine konkrete Person betrifft!

Was ist besser?

Besonders wenn man sich verliebt hat, scheint es eine übermenschliche Aufgabe zu sein, sich keine Vorstellungen über eine gemeinsame Zukunft zu machen. Zu lange schon hat man sich genau diesen Menschen in sein Leben ersehnt, als dass man sich jetzt mit Zweifeln und Bedenken beschäftigen möchte. Wenn sich die Zuneigung auf beiden Seiten in etwa gleichem Maß entwickelt, ist das Problem viel geringer als in einer Situation, in der ein Teil noch zögert. Angenommen, Sie wären der zögernde Teil: Welches Verhalten des anderen würden Sie sich wünschen?

Wahrscheinlich würde es sich schön anfühlen, wenn der andere »bei sich selbst bleibt« und Ihrem gegenseitigen Kennenlernen Zeit und Raum gibt. Liebe kann nicht beschleunigt werden, sie entsteht von selbst. In dem Augenblick, in dem Sie das Entstehen von Liebe unter Druck setzen, zerstören Sie es. Jetzt haben Sie so lange gewartet ... Was machen da ein paar Wochen mehr oder weniger aus?

Das Beste, das Sie tun können, um gegenseitige Gefühle erblühen zu lassen, ist, nichts Bestimmtes zu tun. Gefühle brauchen Raum und Zeit.

Dass dies in der Praxis nicht immer einfach ist, besonders, wenn die Gefühle sich in einem selbst schnell entwickeln, hat jeder schon erlebt. Manchmal hilft es, sich die Vorstellung zu machen, man würde sich in einem Experiment befinden mit dem Thema: »Was wird das Universum tun, wenn ich nicht versuche, den anderen davon zu überzeugen, dass ich der/die Richtige bin?« Es hat mit einem Grundvertrauen in das eigene Leben zu tun, dass alles, was geschieht, letztlich immer richtig geschieht. Vielleicht erinnern Sie sich auch an Ihre letzte längere Partnerschaft. Wie kamen Sie zusammen? Ist es nicht auf eine unerklärliche Art wie von selbst geschehen? Sie können sich sicher sein: Wenn es sein soll, dass Sie und die neu in Ihr Leben getretene Person zusammenkommen, wird es wieder »von selbst« geschehen. Und falls nicht, können Sie sicher sein, dass Ihr Versuch, dies mit Druck herbeizuführen, es nicht besser gemacht hätte.

„Das Leben ist kein Problem, das es zu lösen, sondern eine Wirklichkeit, die es zu erfahren gilt."

Siddhartha Gautama, als Buddha
Erwachter Weisheitslehrer und Begründer des Buddhismus
* ca. 563 v. Chr. † ca. 483 v. Chr.

Liebeskummer ... einige Linderungen

Versuchen Sie nicht, »nicht zu lieben«. Das ist unmöglich und bereitet nur Schmerz. Wo steht geschrieben, dass man nicht lieben darf, nur weil es nicht erwidert wird? Lieben Sie aus vollen Zügen mit jeder Faser Ihres Seins, auch wenn Sie die Person nicht besitzen können. Dann tut wenigstens nicht mehr die unterdrückte Liebe weh, sondern die zerbrochene Illusion, den anderen »haben« zu können.

Versuchen Sie nicht, jemanden »loszulassen«, wenn es nicht geht. Loslassen ist nichts, was man beschließen oder tun kann. Loslassen geschieht von allein oder es geschieht nicht. Versuchen Sie stattdessen, Ihre Lebensidee von vorher wieder in sich wachzurufen. Versuchen Sie, sich zu erinnern, wie Sie sich eigentlich fühlen wollten.

Finden Sie heraus, was genau in Ihrem Magneten die andere Person angezogen hat. Wenn Sie das Geheimnis des Herzmagneten verstanden haben, wird zwar der Liebeskummer nicht sofort verschwinden, aber Sie werden dessen zerstörerische Kraft umlenken können.

Wut entsteht vor allem, weil Sie sich machtlos und dem Verhalten des anderen ausgeliefert fühlen. Es hilft, wenn Sie, statt einfach nur wütend zu sein, die Punkte, in denen Ihre Lebenswege nicht zusammenpassen, als Hinweise für Ihre neue und noch klarere Lebensidee verwenden.

Patricks Pilgerweg

Die Geschichte von Patrick, einem sechsund-
fünfzigjährigen Versicherungsangestellten,
zeigt, wie zuverlässig das Geheimnis des
Herzmagneten in beiden Richtungen wirkt. Patrick hatte sich im Alter
von fünfzig nach über fünfundzwanzig Jahren Ehe und zwei Kindern
von seiner Frau getrennt. Der Grund war die Sehnsucht nach einer Art
Leben, das er bis dahin unterdrückt hatte, um ein guter Familienvater
und Ehemann zu sein.

Ein Teil der Freiheit, die Patrick spüren wollte, war es, zu reisen, ein
anderer war es, mit Frauen romantische Affären zu erleben. Also kaufte
er sich ein Einweg-Ticket nach Südamerika.

Von außen gesehen erlebte er genau das, was er sich vorgestellt hatte:
das Abenteuer des Reisens in fernen Ländern und immer wieder die eine
oder andere romantische Affäre. Das Sehnsuchtsbild, das er sich in den
unerfüllten Jahren seiner Ehe gemacht hatte, war sehr klar gewesen,
und genau so trat es ein.

Scheinbar hätte er ein glücklicher Mann sein können. Doch Patrick
hatte ein inneres ungelöstes Problem: Er litt unter dem Gefühl von Einsamkeit. Oft war die Sehnsucht nach Gesellschaft so übermächtig, dass
er nachts aufstehen und sich unter Leute begeben musste. Fast ständig
war er auf der Suche nach Frauen, durch deren Anwesenheit er zumindest körperliche Nähe erleben konnte, und immer wieder kam er mit
solchen zusammen, die selbst unter Einsamkeit oder Bindungsangst
litten. Diese Frauen spiegelten ihm sein eigenes Inneres so deutlich,
dass selbst in den Stunden, in denen er neben ihnen lag, das Gefühl von
Einsamkeit wie Wellen aus Panik in ihm emporstieg.

Irgendwann wurde die Spirale aus Einsamkeit und Frauensuche so intensiv und leidvoll, dass es Patrick bei einem Ereignis fast das Leben gekostet hätte. Tief getroffen über den Kontrollverlust beschloss er, die Notbremse zu ziehen. Er legte für sich selbst das Gelübde ab, für ein Jahr keine intimen Kontakte mehr zu haben. Gleichzeitig begab er sich auf eine selbst geplante Pilgerreise. Er besuchte Klöster und spirituelle Lehrer aus verschiedenen Kulturen, probierte sich in diversen Wegen und Glaubensrichtungen aus, bis er schließlich zum Sufismus fand, einer Weisheitslehre des Islam.

Hier fanden sein Gelübde und sein Leid ein Zuhause, denn eine der Regeln, die ihm gegeben wurden, war Enthaltsamkeit. Nach einigen Monaten kehrte er nach Hause zurück und nahm seine alte Stelle wieder an. Noch immer hielt er sich weitgehend an die Regeln seines neuen Glaubens, doch die Sehnsucht nach der Nähe einer Frau war ungebrochen. Also beschloss er, wieder zu heiraten, denn in der Ehe war ihm eine intime Beziehung erlaubt.

Er gab eine Kleinanzeige in einer Regionalzeitung auf, die lediglich aus zwei Zeilen bestand: »Ich, m, 56, bin auf dem Sufi-Weg und möchte heiraten. Wenn Dich das anspricht, melde Dich.«

Freunde schlossen Wetten ab, dass sich auf eine derartige Anzeige niemand melden würde. Nach einer Woche bekam Patrick Post von einer Frau, die sich mit ihm treffen wollte. Als sich die beiden in einem Café begegneten, war es um sie geschehen. Sie unterhielten sich stundenlang über alles Mögliche. Nicht ein einziges Mal kam das Gespräch auf Patricks Glaubensrichtung, von der – so stellte sich später heraus – die Frau noch nie etwas gehört hatte. Die gegenseitige Anziehung war so intensiv, dass beide nach dem Treffen zu Patrick nach Hause gingen und eine der wundervollsten Liebesnächte verbrachten, an die er sich erinnern konnte.

Als er die Frau nach ihren Interessen und ihrem Lebensweg fragte, fand er heraus, dass sie kurz vor dem Abschluss als Tantra-Lehrerin stand. Patricks Herzmagnet hatte mit fast schon unglaublicher Zuverlässigkeit genau das angezogen, was sein Verstand auf keinen Fall wollte, wonach sich sein Gefühl jedoch zutiefst sehnte.

Den Konflikt der Enthaltsamkeit, den ihm seine neue Religion auferlegt hatte, löste Patrick übrigens auf eine sehr bodenständige Weise. Er heiratete seine Geliebte innerlich und leise in seinen Gedanken.

Etwas in sich und im eigenen Leben deutlich abzulehnen, erzeugt eine der stärksten magnetischen Anziehungskräfte, weil der Verstand immer wieder mit aller Kraft ein Bild aufbaut und dazu sehr intensive Gefühle entstehen, auf welche andere Menschen deutlich reagieren. In Patricks Fall hatte eine winzige Anzeige genügt, um nur eine einzige Person anzuziehen. Aber was für eine!

Klarheit und Sehnsucht: Grund & Sinn

Grund

- Wenn Sie wissen, welche Gefühle Sie erleben wollen, senden Sie deutliche Signale und Menschen werden darauf reagieren.
- Ihre Klarheit darüber, wer Sie sind und was Sie wollen, sortiert aus einer Vielzahl an Gefühlsmöglichkeiten genau diejenigen heraus, die zu Ihnen passen, und programmiert so Ihren Magneten.
- Wenn eine Sehnsucht trotz Klarheit nicht angezogen wird, ist der Grund ein widersprechendes stärkeres Gefühl. Entweder eine Angst oder der gleichzeitige Wunsch nach einem gegenteiligen Gefühl.

Sinn

- Eine Sehnsucht hat den Sinn, Ihnen den Weg zu den Gefühlen zu weisen, die Sie erleben möchten. Durch welches konkrete Ereignis Sie diese tatsächlich erleben, ist dabei nicht wichtig.
- Menschen mit ähnlichen Sehnsüchten ziehen sich an. Manchmal, um diese gemeinsam zu erleben. Manchmal aber auch nur, um sich gegenseitig zu finden.

Erlebtes Wissen zum dritten Geheimnis

◆ Wo spüren Sie unerfüllte Sehnsüchte in sich? Schreiben Sie es auf! Welche Sehnsüchte geben Ihnen wirklich Kraft, um etwas Neues zu bewegen? Welche kosten Sie Freude? Welche Gefühle möchten erlebt werden? Welche anderen Möglichkeiten dafür gäbe es? Tun Sie etwas davon und spüren Sie, wie sich Ihr Lebensgefühl verändert.

◆ Beobachten Sie Menschen, denen das Leben leicht zu gelingen scheint und die in Ihnen bei Begegnungen gute Stimmungen auslösen. Diese Menschen haben eines gemeinsam: Sie fühlen sich in Ihrem Leben wohl. Sie wissen, was sie wollen. Sie geben wenig Energie in Ablehnung, sondern lassen Themen, die nicht zu ihnen passen, einfach liegen. Sie leisten es sich, zu verschiedenen Themen »keine Meinung zu haben«, grübeln wenig. Stattdessen richten sie sich auf das aus, was sie interessiert. Diese Klarheit ist der Schlüssel zu ihrem Erfolg.

◆ Beobachten Sie Menschen, die etwas stark ablehnen oder eng gefasste Weltbilder haben. Sehen Sie, unter welchen Bedingungen diese Menschen privat leben und welchen Beruf sie auf welche Art ausüben. Sie werden erkennen, dass die Umgebung zuverlässig reagiert hat.

Wie Sie Ihren Magneten neu ausrichten

Ihre Klarheit ist die Folge Ihres Wissens über sich selbst und über die Kraft und die Auswirkung Ihrer Entscheidungen.

◆ Sie finden umso mehr Klarheit, je mehr Sie wissen, welche »Art zu leben« zu Ihnen passt. Erschaffen Sie eine »Vision« darüber, wie Sie sich fühlen möchten. Diese ist unabhängig von einem anderen Menschen und dessen Verhalten.

◆ Spüren Sie immer mehr, dass allem, was Sie tun, immer Ihre Entscheidung vorausgeht.

◆ Erkennen Sie, dass Sie selbst dann, wenn Sie nichts tun, eine Entscheidung treffen: die Entscheidung, nichts zu tun. Selbst wenn Sie glauben, Sie wären gerade machtlos, eingeengt, Opfer von Umständen oder Verpflichtungen, entscheiden Sie sich, das zu glauben.

◆ Entscheidungen sind nur dann in Ihrem Magneten wirklich wirksam, wenn Ihr Herz mitentschieden hat. Im Zweifelsfall warten Sie, bis Herz und Verstand gemeinsam Ja sagen. Entscheiden Sie nicht gegen Ihr Gefühl.

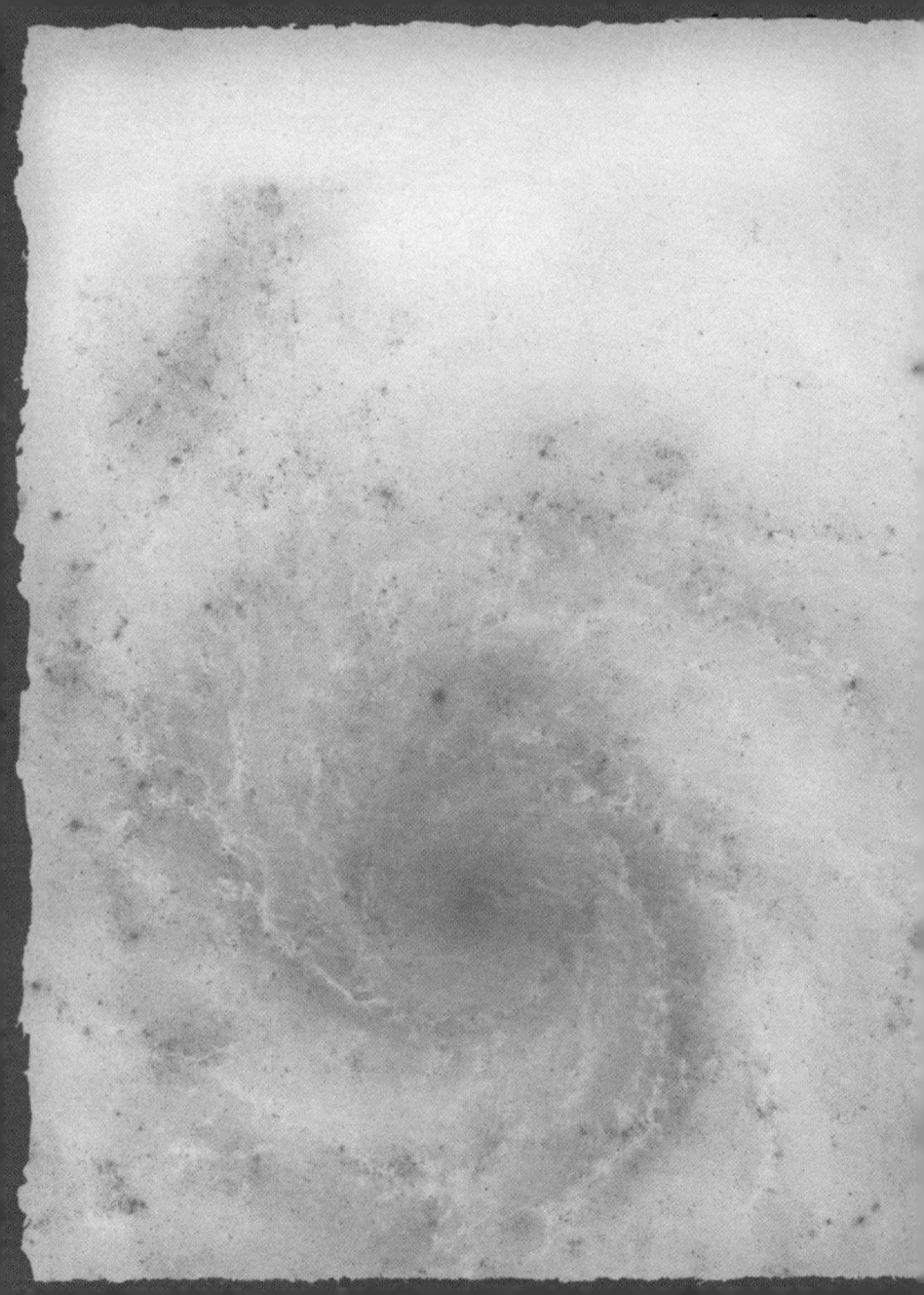

Das vierte Geheimnis

„Die Quelle für alles,
was Sie suchen,
liegt in Ihrem
Magneten.
Die Quelle ist,
was Sie fühlen."

Die eigene Quelle

Kein Mensch handelt ausschließlich aus dem Verstand heraus. Es geht auf tieferer Ebene immer darum, ein bestimmtes Gefühl zu erleben. Selbst wenn jemand behauptet, sachlich und logisch zu entscheiden und zu handeln, tut er dies, weil es ihm beispielsweise ein Gefühl von emotionaler Sicherheit gibt. Er kann sein Handeln verstehen, erklären, die Folgen überschauen und rechtfertigen. Das Risiko, für einen möglichen Fehler allzu sehr bestraft zu werden - was sich unschön anfühlen würde - sinkt.

Das Ziel ist immer, Gefühle zu erfahren

Es macht, sachlich gesehen, keinen Sinn, dass ein Bergsteiger einen Gipfel erklimmt oder ein Expeditionsleiter eine Wüste durchquert. Es ist sachlich gesehen völlig unbedeutend, wie schnell dieser Rennfahrer fährt oder wie kreativ jener Künstler ist. Doch es wird nachvollziehbar, wenn man um die Kraft der Gefühle weiß. Selbst in Berufen, bei denen man dies kaum annehmen würde, ist der tiefe Grund für jedes Handeln immer die Sehnsucht nach einem Gefühl.

◆ Ein Politiker tritt nicht für eine Überzeugung ein, weil es um die Sache geht, sondern weil er bestimmte Gefühle für sich erleben will: Anerkennung, das Gefühl, »richtig« zu handeln, das Gefühl, einen Sinn im Leben zu haben, emotionale Sicherheit, weil man sich für eine Meinung entschieden hat, das Gefühl, zu einer Gemeinschaft zu gehören (der Partei), sich zu behaupten, um sich dadurch stark zu fühlen ...

◆ Ein Computerprogrammierer schreibt Programme nicht aus »sachlichen« Gründen. Er sucht bestimmte Gefühlserfahrungen: Das Gefühl, sich selbst und seine Intelligenz zu spüren, das Gefühl von Freude, wenn er ein Problem gelöst hat, das Gefühl, nützlich für andere zu sein, das Gefühl, etwas erschaffen zu haben, Situationen unter Kontrolle zu haben (also: kein Opfer zu sein) …

◆ Ein Topmanager will das Gefühl haben zu gewinnen, sich zu behaupten, sich materielle Sicherheit zu schaffen, Macht auszuüben. Würde er nicht die Gefühle bekommen, die seine Position ihm verspricht, würde ihm seine Arbeit keine Motivation geben.

„Die Vernunft formt den Menschen. Das Gefühl leitet ihn."

Jean-Jacques Rousseau

Französisch-schweizerischer Schriftsteller, Pädagoge, Komponist sowie Gesellschafts- und Staatstheoretiker

* 28. 06. 1712 · Genf   † 02. 07. 1778 · Ermenonville bei Paris

*Grund und Antrieb für alles sind immer ersehnte
Gefühle. Der Verstand ist nur das Werkzeug.
Doch manchmal macht das Werkzeug glauben,
es wäre der Grund.*

Im Alltag leben viele Menschen - vor allem beruflich - ein Leben ohne
die Gefühle, die sie sich ersehnen. Wäre das gesamte Leben so, wäre
es sinnlos. Je sinnloser ein Mensch lebt - also je weniger er selbst
dafür tut, um die Gefühle zu erfahren, die er eigentlich erfahren
möchte, desto mehr wird er versuchen, schöne Gefühle von anderen
und durch andere zu bekommen. Er wird etwas »haben« wollen. Diese Bedürftigkeit als Ausstrahlung im Magneten zu tragen ist keine
ideale Voraussetzung, um erfüllende Partnerschaften oder Freundschaften anzuziehen.

Die Kraft aus der eigenen Quelle

Was immer Sie bei einem anderen Menschen suchen, Sie tragen es
selbst bereits in sich, denn was suchen Sie vor allem? Gefühle! Das
Gefühl von Geborgenheit, das Gefühl von Geliebtsein, das Gefühl
von Reichtum, das Gefühl von Freiheit, das Gefühl, Teil einer Familie
zu sein, das Gefühl, Erfolg zu haben ...
Niemand kann Ihnen ein Gefühl geben. Er kann nur in Ihnen ein
Gefühl wecken. Es ist Ihr Gefühl und Sie produzieren es selbst. Der

Mensch in Ihrer Nähe ist Ihr Geschenk, das Ihnen dabei hilft. Diesen Unterschied zu wissen ist ein Schlüssel. Wenn Sie erkennen, dass Ihre Gefühle immer Ihnen selbst gehören, dass es kein einziges Gefühl gibt, das Ihnen ein anderer gibt oder nimmt, werden Sie frei. Sie geben anderen weniger Macht und nehmen ihnen die Bürde der Verantwortung für Ihr Wohlbefinden. Damit ist die Chance für Vorwürfe an den anderen, die zu schwierigen Situationen nur noch beitragen, geringer.

Niemand kann Ihnen Liebe geben, weil die Liebe bereits in Ihnen ist. Sie wissen das. Beobachten Sie ein Tier oder eine Pflanze oder irgendetwas in der Natur, das Sie berührt. Spüren Sie die Liebe in sich? Sehen Sie ein glückliches Kind auf einem Foto. Spüren Sie es? Sie bekommen nichts und dennoch fühlen Sie es. Es ist dieselbe Liebe, die Sie spüren, wenn ein geliebter Mensch tatsächlich in Ihrer Nähe ist.

Wenn Sie ein Problem mit einem Menschen haben,
können Sie sein Problem nicht ändern.
Doch Sie können Ihr Problem ändern.
Und damit verschwindet vielleicht auch seines.

Der mühsame Weg der Liebessucher

Wenn Menschen bestimmte Gefühle suchen, aber nicht zum entsprechenden Erlebnis kommen, oder wenn sie lange Zeit ohne Liebe leben, beginnen sie manchmal, Verhaltensweisen zu entwickeln, die von anderen als seltsam oder verwirrend empfunden werden. Letztlich ist es immer ein Ruf nach Liebe.

»Ich bin erfolgreich, ich bin fleißig, ich bin schön, ich bin intelligent, ich habe eine Position, ich habe ein Haus, ich habe dies und das ...«
Je mehr jemand dies anderen zeigen will, desto lauter ruft er: »Bitte habt mich gern. Bitte liebt mich.«
Andere sind auf diesem Weg nicht erfolgreich und versuchen es als Opfer: »Ich bin einsam, ich bin krank, ich bin arm, ich bin schwach, mir geht es nicht gut. Bitte nehmt mich wahr. Bitte liebt mich!«
Auf diese Art schöne Gefühle von anderen bekommen zu wollen ist für alle Beteiligten anstrengend. Zudem wird ein Liebessucher meist nur kurzzeitig für das geschätzt, was er hat und tut, und nicht dafür, wie er ist.

„Vergiss nicht, dass die beste Beziehung die ist, in der Eure Liebe füreinander Euer Bedürfnis, einander zu brauchen, übersteigt."

Tenzin Gyatso
buddhistischer Mönch und Oberhaupt der Tibeter
* 06. 07. 1935 - Taktser, Tibet

Der einfache Weg der Liebeslichter

Suchen Sie nicht nach Licht. Leuchten Sie selbst und andere werden es sehen. Wenn Sie um das Geheimnis des Herzmagneten wissen, können Sie das, was Sie suchen, wesentlich leichter bekommen. Geben Sie es sich selbst und Sie programmieren Ihren Herzmagneten gleichzeitig mit den Gefühlen, die künftig in Ihr Leben gezogen werden.

◆ Wenn Sie möchten, dass der andere sein Herz öffnet ... Öffnen Sie das Ihre. Er kann nichts tun, was Sie nicht tun können. Er ist Ihr Spiegel. Und selbst wenn der andere es zuerst täte, könnten Sie es nicht spüren, wenn Sie Ihr Herz nicht geöffnet haben.

◆ Wenn Sie die Beziehung zu einem Menschen verbessern möchten, verbessern Sie die Beziehung zu sich selbst.

◆ Wenn Sie mehr Vertrauen spüren möchten, vertrauen Sie sich selbst mehr.

◆ Wenn Sie mehr Liebe spüren möchten, lieben Sie sich selbst mehr.

◆ Wenn Sie Sicherheit suchen, geben Sie sich selbst Sicherheit.

◆ Wenn Sie besser behandelt werden möchten, behandeln Sie sich selbst besser.

◆ Wenn Sie Reichtum erleben möchten, geben Sie sich zuerst selbst Fülle. Dafür brauchen Sie kein Geld, nur eine entsprechende Ausrichtung Ihrer Wahrnehmung.

◆ Wenn Sie neue Impulse, Freiheit und Abenteuer ersehnen, tun Sie es selbst. Beginnen Sie im Kleinen, dann folgt Größeres von selbst.

◆ Wenn Sie nicht wollen, dass man Ihnen etwas vormacht, sehen Sie hin, ob Sie sich irgendwo selbst etwas vormachen.

◆ Wenn Sie respektiert werden wollen, respektieren Sie sich selbst.

◆ Wenn Sie mehr Entscheidungsfreiheit haben wollen, aber nicht bekommen, entscheiden Sie dennoch selbst.

Was immer Sie suchen: Seien Sie es zuerst selbst. Und wenn Sie Lust dazu haben, geben Sie es später auch anderen. Dann wird es auf Sie zukommen, weil es als Ihr Magnet wirkt.

Der perfekte Kompass: »Wie will ich mich fühlen?«
Wenn eine Beziehung aus Ihrer Sicht feststeckt - ganz gleich, in welcher Phase -, wird es oft nur schlimmer, wenn Sie versuchen, den anderen Menschen »in Ordnung zu bringen«.
Wenn Sie die Kraft ihres Herzmagneten einsetzen möchten, versuchen Sie Folgendes: Richten Sie Ihr Verhalten nach dem Gefühl aus, das Sie spüren möchten. Wenn Sie eine Konfliktsituation herannahen sehen, erinnern Sie sich und fragen Sie sich: »Will ich mich so fühlen wie das, was sich gerade anbahnt?« Wenn Sie sich zuvor entschieden haben, wird Ihre Antwort klar ausfallen.

Entscheiden Sie sich für ein bestimmtes Lebensgefühl, nicht für ein bestimmtes Verhalten.

Ein Ergebnis kann sein, dass Sie eine eskalierende Diskussion zunächst einmal abbrechen, weil Sie erkennen, dass Sie sich beide immer weiter in unerwünschte Gefühle verwickeln. Dies bedeutet nicht, dass Sie ein Problem nicht ansehen. Es bedeutet nur, dass Sie nicht zulassen, dass ein Problem sich selbstständig macht und die schlechten Gefühle die Situation wie von selbst bestimmen. Mit der Entscheidung, wie Sie sich fühlen wollen, holen Sie Ihre Kraft über die Situation zu sich zurück und befreien sich und den anderen aus der Spirale.

Die Entscheidung für ein Gefühl hat zudem den Vorteil, dass sie mit Argumenten kaum angreifbar ist. Jeder hat das Recht, sich gut zu fühlen, und der Verstand kann dagegen nur wenig Streitargumente anführen.

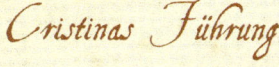

Cristinas Führung

Cristina, die als Marketingmitarbeiterin in einem Automobilkonzern arbeitet, suchte seit vielen Jahren nach etwas, das sie ihre »Führung« nannte. Nach unzähligen anstrengenden und oft auch dramatisch endenden Beziehungsversuchen fühlte sie sich müde, resigniert und verwirrt. Dem Grund, warum Ihre Affären immer wieder mit spontanem Desinteresse oder Abbruch durch die andere Seite endeten, war sie noch nicht wirklich auf die Spur gekommen. Erst nach dem intensiven Erlebnis mit Henry, einem kanadischen Manager, wurde ihr die Funktionsweise ihres Magneten klar. Und gleichzeitig erkannte sie, auf welche Art sie ihr Leben lang Hinweise bekommen hatte, ohne sie zu beachten.

Sie lernte Henry auf einem internationalen Kongress kennen. Was sie, neben seinem äußeren Erscheinungsbild, als besonders attraktiv empfand, war Henrys kompetentes und selbstsicheres Auftreten bei Präsentationen. Cristina fühlte sich seit jeher zu erfolgreichen Männern hingezogen und Henry entsprach diesem Bild wie kaum ein anderer Mann zuvor.

Die beiden kamen sich schnell näher und verbrachten nach dem Kongress ein gemeinsames Wochenende in einem Wellnesshotel. Cristina verdiente gut und dennoch ließ Henry es sich nicht nehmen, ihr auf seine Kosten jeden Wunsch zu erfüllen. Sie sah es als Zeichen seiner Zuneigung und Wertschätzung an und genoss die gemeinsamen Tage.

Auch als sie sich nach zwei Wochen bei einem anderen geschäftlichen Anlass wieder trafen, verbrachten sie erneut ein intensives Wochenende zusammen. Ein Teil von Cristina fühlte sich wie im Himmel, dieser Mann schien die Erfüllung ihrer Träume zu sein. Und doch war da etwas, was sie stutzig machte. Henry erklärte ihr, dass, trotz aller Zuneigung zu Cristina, seine Karriere in seinem Leben an oberster Stelle stünde. Diese Aussage war Cristina bei erfolgreichen Männern inzwischen gewöhnt und auf eine Art mochte sie ja genau das.

Völlig ungewohnt hingegen waren die Gefühle, die sie in einer gemeinsamen Nacht nahezu überwältigten, während sie neben ihrem schlafenden Liebhaber lag: Nervosität bis hin zu innerem und äußerem Zittern, Schlaflosigkeit, tiefe Gefühle von Verlassensein und Einsamkeit, und das, obwohl sie dicht neben Henry lag, der scheinbar in aller Ruhe vor sich hin schlummerte. Cristinas Gefühl, am liebsten sofort aufspringen und die Situation fluchtartig verlassen zu wollen, wurde so übermächtig, dass sie das Bett verließ und sich für Stunden auf das Sofa im Wohnzimmer zurückzog. Nachdem Henry nichts getan oder gesagt hatte, was diese Gefühle hätte auslösen können, sprach Cristina das Thema nicht an. Wie hätte sie es auch erklären können?

Etwa zwei Wochen nach dieser Nacht brach Henry den Kontakt ohne Begründung ab. Die Beziehung war beendet. Cristina machte sich Selbstvorwürfe und ihr gesamtes Denken war Tag und Nacht mit der Suche nach Gründen und dem Wunsch, verstehen zu wollen, beschäftigt.

Sie vertraute sich einem guten Freund an, der Ähnliches schon selbst erlebt und für sich eine Lösung gefunden hatte. Er schlug Cristina eine kurze Gedankenreise in die Vergangenheit vor. Cristina stellte sich noch einmal die Situation vor, in der sie mit Fluchtgedanken neben Henry gelegen hatte. Dieses Mal unterdrückte sie den Impuls nicht, sondern stand auf, packte ihre Sachen und fuhr nach Hause. Immer wieder stellte sie sich vor, dass sie so gehandelt hatte, und spürte in sich hinein, wie es sich anfühlte. Sie stellte fest, dass es »richtig« gewesen wäre. Diese Erkenntnis, verbunden mit den Gefühlen aus der Fantasiereise, sorgte für deutliche Linderung ihres Beziehungskummers. Cristina konnte wieder klar denken und nach der Ursache in ihrem Magneten forschen, der – inzwischen zum wiederholten Mal – die Situation einer spontan abgebrochenen Beziehung angezogen hatte.

Sie erkannte, dass sie selbst ihrem beruflichen Erfolg eine derart übermäßige Bedeutung beimaß, dass ihr Magnet gar nicht anders konnte, als Männer anzuziehen, die dies ebenfalls taten. Die Bedeutung war derart hoch, dass Cristina ohne ihren Beruf nicht mehr gewusst hätte, welchen Sinn ihr Leben hatte. Die Männer, die sie anzog, waren exakt auf derselben Lebensspur.

Noch überraschter war Cristina, als sie verstand, dass besonders intensive negative Gefühle in Verbindung mit einem anderen Menschen eine »Führung« sind. Sie bedeuten nicht, dass der andere negativ oder schlecht wäre. Sie weisen nur deutlich darauf hin, dass etwas Wesentliches in den Herzmagneten zweier Menschen so unterschiedlich ist, dass es sich »nicht gut« anfühlt. Ihre Führung, nach der Cristina so lange gesucht hatte, hatte sich in dieser Nacht sehr klar gemeldet.

Situationen wie die von Cristina erleben viele Menschen immer wieder, weshalb es sich lohnt, anzusehen, was dabei geschieht:

Sie kommen mit einem potenziellen Partner in näheren Kontakt. Alles fühlt sich sehr anregend und aufregend an. Vielleicht wird die Beziehung auch schnell intim. Noch immer fühlt sich alles leidenschaftlich, intensiv und sehr lebendig an. Es ist wundervoll, dies zu erleben, und ganz sicher ist es kein Problem. Ein Problem entsteht erst dann, wenn man die sich immer deutlicher meldenden anderen Gefühle verdrängt. Es hat einen Grund, warum sie sich melden. Der Grund kann in einem selbst liegen - zum Beispiel, weil man eine alte Geschichte noch ungelöst in sich trägt und die Beziehung sie aktiviert und nach oben bringt. Oder es liegt daran, dass »etwas« grundsätzlich nicht zusammenpasst, wie in Cristinas Fall.

 *Achten Sie darauf, ob sich »Drama« aufbaut. Wenn sich etwas nicht wirklich gut oder sogar schlecht anfühlt, hören Sie hin! Ihr Gefühl ist Ihre Führung! Es weiß mehr als Ihr Verstand.*

Der Grund, weshalb Sie bei körperlicher oder auch nur räumlicher Nähe zu einem anderen Menschen Gefühle wie in Cristinas Fall erleben, liegt sehr wahrscheinlich darin, dass Ihre beiden Herzmagnetfelder (Energiefelder) nicht zusammenpassen. Sie liegen sozusagen in einem permanenten »Störfeld« und genauso fühlt es sich körperlich auch an. Diese Gefühle führen zu unschönen Gedanken und zu intensivem Grübeln nach dem Grund, den Sie natürlich auf herkömmliche Weise kaum verstehen können. Weil Sie keine Lösung finden, erzeugen diese Gedanken immer weitere negative Gefühle.

Je klarer Sie sich darüber sind, was Sie als Lebensgefühl fühlen wollen, desto klarer und sicherer erkennen Sie, was zu Ihnen passt und was nicht.

„Ein Tropfen Liebe ist mehr als ein Ozean Verstand."

Blaise Pascal

französischer Mathematiker, Physiker, Literat und Philosoph

* 19. 06. 1623 - Clermont-Ferrand † 19. 08. 1662 - Paris

Gefühl und Verstand

Eine Frau sagte zu ihrem Partner nach einer Serie von sinn- und ergebnislosen Auseinandersetzungen: »Weißt du, ich habe mich damals für dich entschieden, weil du machtest, dass ich mich gut fühle. Und jetzt machst du, dass ich mich schlecht fühle. Ich weiß nicht, warum das so ist, was sich geändert hat oder wie wir es lösen können. Ich weiß nur, dass ich mich gut fühlen will und dass wir es nicht schaffen. Und das macht mich sehr traurig.«

Was sie sagte, veränderte die Stimmung augenblicklich. Ihr Partner erkannte, dass seine Sucht danach, im Streit mit Argumenten als Gewinner hervorzugehen, ihn sehr bald zum Verlierer machen würde, weil er dabei war, etwas Wertvolles unwiederbringlich zu zerstören, statt es zu heilen.

Wenn der logische Verstand und das unlogische Gefühl sich streiten, gewinnt meistens der Verstand. Und oft freut er sich, ohne zu wissen, dass jeder Gewinn ein Schritt zum größten Verlust ist. Denn irgendwann verlässt das nie gehörte und nie gespürte Gefühl ihn. Und dann fühlt es sich an, als wäre etwas gestorben.

Entkoppelung ... Eine einfache Gefühlsübung zu mehr Freiheit

Haben Sie eine Situation, in der Sie an die Gefühlswelt eines anderen Menschen angekoppelt oder darin verwickelt sind, ohne es zu wollen? Oder einen Menschen, dem Sie gerne innerlich frei und unbelastet begegnen würden, um zu sehen, was sich entwickelt, wenn das Drama verschwunden ist? Wenn Sie gerne experimentieren, könnte Ihnen folgendes Spiegelneuronen-Spiel gefallen, das die Wirkung Ihres Magneten und die Beziehung zur anderen Person sofort verändern kann. Nehmen Sie sich einige Minuten, in denen Sie völlig ungestört sind, und tun Sie Folgendes:

1 Schließen Sie die Augen. Spüren Sie einfach nur, wie Sie da-sitzen und atmen. Stellen Sie sich den anderen Menschen vor. Stellen Sie sich vor, alles, was Sie miteinander verbindet, würde sich durch eine Art Schlauch aus Licht austauschen. Das ist der Kanal. Sehen Sie ihn? Stellen Sie sich nun vor, Sie hätten eine unsichtbare große Schere, und schneiden Sie in Gedanken den Schlauch durch. Manchmal müssen Sie einige Male schneiden. Jetzt spüren Sie wieder: Verändert sich etwas in Ihrem Gefühl? Falls nicht, machen Sie dennoch weiter.

2 Sie werden jetzt vielleicht feststellen, dass der eine Teil des abgeschnittenen Lichtschlauchs noch an Ihnen hängt. Es kann auch sein, dass an der Kontaktstelle (vielleicht an Ihrem Herz oder Bauch) auch noch eine Art Wolke oder ein Kleister aus Licht klebt. Schicken Sie diese Reste einfach weg, indem Sie laut sagen: »Es ist meine Absicht, dass das, was ich gerade be-obachte, zu XY (Vorname) zurückkehrt.« Sagen Sie es so und nicht anders. Tun Sie danach nichts, warten Sie nur ab. Und dann spüren Sie einfach wieder, was geschieht und wie Sie sich fühlen.

Sie können diese Übung mit jedem Menschen machen, auch mit Verwandten oder Ihrem Partner, wenn Sie die Beziehung verbes-sern wollen. Sie trennen sich nicht von der Person. Sie beenden auch nicht die Liebe. Sie entfernen nur alte Geschichten und unnütze ne-gative Gefühle und schaffen damit neuen Freiraum für wirkliche Liebe und die unbelastete Begegnung im Hier und Jetzt.

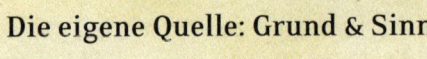

Die eigene Quelle: Grund & Sinn

Grund

◆ Jedes Gefühl, das Sie sich selbst schenken, strahlt nach außen und zieht Menschen an, die zu diesen Gefühlen passen.

◆ Gefühle geschehen zwar oft unkontrolliert, doch niemals zufällig. Der Auslöser liegt manchmal außen, aber die Quelle liegt immer in Ihnen. Wenn Sie den auslösenden Mechanismus entdeckt haben, können Sie Ihren Magneten ausrichten.

Sinn

◆ Der Sinn darin, die eigene Quelle zu kennen und zu nutzen, ist es, mehr über sich selbst zu erfahren und immer mehr die eigene Kraft zu spüren.

◆ Wenn Sie Ihre eigene Quelle erkennen, werden Sie freier von den Gefühlen anderer Menschen, um sie dadurch immer mehr lieben zu können, ganz gleich, wie sie sind und was sie tun.

Erlebtes Wissen zum vierten Geheimnis

◆ Beobachten Sie Ihre Gefühle, wenn sich ein anderer Mensch nicht so verhält, wie Sie es wollen. Wie fühlt es sich an, emotional an einen anderen Menschen gekoppelt zu sein?

◆ Beobachten Sie, wie sich Beziehungen verändern, wenn Sie die Entkoppelungsübung gemacht haben. Sie müssen nichts an Ihrem Verhalten ändern. Nur beobachten.

◆ Spüren Sie, was in Ihnen bei der Vorstellung geschieht, sich selbst geben zu können, was Sie bisher von anderen Menschen erwartet haben. Besser oder schlechter?

◆ Erinnern Sie sich und beobachten Sie die Reaktionen anderer Menschen, wenn Sie sich gut fühlen. Und wenn Sie sich schlecht fühlen.

Wie Sie Ihren Magneten neu ausrichten

◆ Finden Sie heraus, welche Ihre wahren Sehnsüchte sind. Wenn Sie eine immer wiederkehrende Sehnsuchtsgeschichte - einen »Traum« - haben, finden Sie heraus, welche Gefühle dadurch erlebt werden wollen. Wofür steht Ihr Traum? Was steckt hinter der Geschichte? Solange Sie diese Gefühle nicht erleben, prägt dieser Mangel Ihren Magneten.

◆ Finden Sie heraus, auf welche Arten Sie sich diese Gefühle sonst noch verschaffen könnten, und tun Sie möglichst viel davon.

◆ Falls Sie von anderen bestimmte Gefühle erwarten, geben Sie sich diese Gefühle selbst.

Auf diese Weise verändern Sie Ihren Magneten von »Mangel« auf »Vorhandensein« und er kann endlich das anziehen, was Sie sich ersehnen.

Das fünfte Geheimnis

„Jedes Mal, wenn Sie ein Symbol in Ihrem Magneten aufspüren, halten Sie einen magischen Schlüssel für Veränderung in Ihrer Hand."

Die Macht der Symbole

Eine mächtige Art von selbstständig wirkenden »Programmen« in Ihrem Magneten kann der Glaube an ein bestimmtes Symbol oder Verhaltensritual sein. Ein solcher Glaube kann das, was Sie erreichen wollen, unterstützen, aber auch völlig blockieren.

Solange Sie an ein Symbol glauben, wird es in Ihrem Leben oder in Ihren Beziehungen immer wieder auftauchen, weil es Menschen anzieht, die es in Ihrem Magneten spüren und sich unbewusst angezogen fühlen. In den Fällen, in denen das Symbol für eine unschöne Erinnerung steht, erschafft es Ihnen so immer wieder neue ähnliche Erlebnisse.

Unser Verstand ist immer auf der Suche nach Gewissheit und Sicherheit. Weil er es sich gerne einfach macht, benutzt er Gegenstände oder Handlungen, bei denen er beobachtet hat, dass sie offenbar für etwas stehen, wie Platzhalter. Er erkennt irgendwann nicht mehr, dass es sich tatsächlich nur um einzelne Gegenstände oder Handlungen handelt, die mit der Realität im Hier und Jetzt nichts zu tun haben müssen. Solange sich starke Symbole in Ihrem Magneten befinden, die »unbeaufsichtigt« Gefühle auslösen, spüren Sie Ihre alte und automatische Reaktion auf das Symbol statt Ihr offenes Empfinden für das, was gerade tatsächlich geschieht.

Symbole als Sprache

Weil Symbole und Rituale eine Art von Sprache sind, ist es für ein gutes zwischenmenschliches Verständnis grundlegend, dass die Sprechenden unter einem Wort dasselbe verstehen. Wenn Sie ein Gefühlserlebnis mit einem Gegenstand oder mit einer Handlung verbinden und auf einen Menschen treffen, der davon nichts weiß und auch diese Verbindung nicht hat, erschaffen Sie sich selbst die Grundlage für ein Problem.

- Positiv belegte Symbole bewirken, dass jemand in Ihnen angenehme Gefühle auslöst, sobald er Ihr Symbol richtig anwendet. Wenn der andere damit seine wahren Gefühle ausdrückt, ist es perfekt. Wenn er jedoch das Symbol verwendet, um ein Ziel zu erreichen, ohne dass es seine wahren Gefühle spiegelt, entsteht die Grundlage für Komplikationen, Missverständnisse und Drama.
- Negativ belegte Symbole und Rituale erzeugen in Ihnen unschöne Erinnerungen und Emotionen. Selbst wenn der andere Mensch davon nichts weiß und für sich selbst das Symbol als neutral empfindet oder wenn er damit sogar liebevolle Gefühle ausdrücken möchte, bewirkt es in Ihnen eine ablehnende Reaktion. In diesem Fall bewirkt Ihr Symbol, dass eine neue und vielleicht schöne Situation bereits im Keim erstickt wird.

Ein Gegenstand oder eine Handlung steht für etwas. Das haben Sie so erlebt. Das kann jeder beobachten. Doch stimmt es absolut sicher? Immer?

Verbreitete Symbole und ihre Wirkung

 Symbolhafte Handlungen

»Wenn man sich liebt, tut man dies oder das. Und jenes tut ein Liebender auf keinen Fall.« Solche unausgesprochenen Erwartungen in Ihrem Magneten fühlen sich für einen anderen Menschen an wie ein Druck (»Projektion« S.60), dem er unbewusst entkommen will. Damit bewirken Sie oft das Gegenteil vom dem, was Sie gerne hätten.

 Symbolhafte Aussagen

Es gibt Menschen, die etwas sehr frühzeitig oder sehr häufig versichern. Je mehr jemand etwas ungefragt beteuert, desto mehr versucht er vielleicht gerade, sich selbst dazu zu bringen, es zu glauben. Manchmal, weil es nicht vorhanden ist. Wenn jemand häufig ungefragt über ein spezielles Thema referiert, zeigt dies meistens, dass er selbst dieses Thema für sich noch nicht gelöst hat.

 Sternzeichen

Wie Sie in der Geschichte von »Robert und die Fische« (S.34) gesehen haben, kann der übermäßige Glaube an die Kraft von Sternzeichen auch als Magnet wirken. Dies oder das passt nicht gut oder besonders gut zu jenem. Tatsächlich gibt es bei Menschen eine Tendenz von Grundtypen, die einfacher oder schwieriger miteinander auskommen. Aber es gibt auch viele weitere Einflüsse, die eine Rolle spielen. Letztlich geht es immer um den Menschen an sich, nicht um Symbole, die mit ihm verbunden sind.

Symbolhafte Gegenstände

Welche Kleidung trägt jemand? Wie richtet er sich ein? Welchen Beruf übt er aus? Welches Auto fährt er? Welche Markenprodukte benutzt er? Solche Symbole können manches verraten. Aber Menschen ändern sich ständig und behalten, ohne darüber nachzudenken, die alten Symbole bei. Wenn Sie jemanden danach beurteilen, kann es sein, dass Sie seine Vergangenheit beurteilen. Sie sehen dann einen anderen Menschen als den, den Sie vor sich haben. Verlassen Sie sich besser auf Ihr Herzgefühl.

 ### Symbolhafte Gedanken

Es gibt unzählige falsche Ideen über Liebe, die den Herzmagneten mit einer abstoßenden Kraft programmieren. Hier einige Beispiele:

- Um Liebe muss man kämpfen. Man muss den anderen überzeugen.
- Liebe erfordert den intensiven Einsatz von Zuneigungssymbolen.
- Zeit ist knapp. Wenn man sich nicht beeilt, das persönliche Bekenntnis vom anderen zu bekommen, verliert man ihn.
- Den anderen zu überzeugen, erfordert kreative Tricks. Liebe bekommt nur der Cleverste.
- Andere Verehrer sind allgegenwärtig und müssen verdrängt werden.
- Wenn es schwierig wird, liegt es daran, dass er/sie die Wahrheit nicht sehen kann.
- Die Guten sind alle schon vergeben. Wenn er/sie frei ist, muss das einen Haken haben.

◆ Liebe ist, wenn man es sich oft sagt. Wenn nicht, ist es keine wirkliche Liebe.

◆ Liebe, Schmerz, Aufregung und Drama gehören zusammen. Man nennt das Schmetterlinge. Wenn sie fehlen, ist es keine Liebe. Tatsächlich ist das Gefühl von Schmetterlingen dasselbe wie das Gefühl von (Verlust-)Angst. »Werde ich wirklich geliebt? «

 **Filme und Romane –
Eine Kunstform erzeugt Symbole über Liebe**

Nahezu alle Liebeskomödien oder -dramen beruhen auf einem ähnlichen Grunddrehbuch. Mann und Frau begegnen sich. Einer von beiden ist frei und willig, der andere nicht. Der Zuschauer weiß, dass beide perfekt zusammenpassen würden, weil sie so viele Gemeinsamkeiten haben. Aber einer der beiden klammert sich noch an eine dritte Person oder an eine Idee von Freiheit, die ein Zusammenkommen verhindert. Dieser Konflikt erzeugt intensive Gefühle aller Art. Vor allem beim Publikum, das - wenn man nicht erkennt, dass es wirklich nur eine Fantasiegeschichte ist - in diesem Augenblick seinen Magneten programmiert.

Der freie Partner muss den unfreien von seinem »falschen« Weg abbringen und überzeugen, dass er/sie selbst der/die Richtige ist. Dabei geht es sehr dramatisch zu und die Verlustangst wird in mehreren Stufen auf eine kaum noch erträgliche Spitze getrieben.

Schließlich erkennt der bislang uneinsichtige Partner seinen Fehler und erreicht den inzwischen hoffnungslos abreisenden Bewerber in letzter Sekunde, um sich zu ihm/ihr zu bekennen.

Diese Geschichten sind wundervoll, unterhaltsam, gefühlvoll, tiefsinnig, romantisch, humorvoll ... Gleichzeitig erzeugen sie symbolhafte Ideen über Liebe, die im praktischen Leben der Auslöser für ein Drama sein können.

Die sogenannte romantische Liebe ist übrigens eine Erfindung des Mittelalters und hat ihren Ursprung im kirchlichen Bereich. Es ging um die Verehrung des ewig Unerreichbaren, des Göttlichen, übertragen auf einen ersehnten Menschen. In der Epoche der Romantik wurde der Herzschmerz in Literatur und Konversation in gebildeten Kreisen zur Kunstform erhoben. Der oder die Geliebte wurde zu einem Gott, einer Göttin, einem Prinzen oder einer Prinzessin gemacht und der »süße Schmerz« der Liebe, des hinausgezögerten oder verhinderten Zusammenkommens, so intensiv ausgekostet, als wäre es ein Zaubertrank.

Prüfen Sie am besten persönlich, ob etwas, was alle oder viele Menschen zu einem für Sie wichtigen Thema behaupten, denken oder tun, absolut sicher wahr ist.

Wie Sie Undercover-Symbole entdecken und entkräften

Ein Erlebnis in Ihrer Vergangenheit ist für Sie symbolhaft. Sie wollen es auf keinen Fall wieder erleben und ziehen es dennoch immer wieder an. Ein Weg, um die Wiederholungen zu beenden, ist folgender:

1) *Beobachten Sie, was geschieht.*
2) *Spüren Sie das Symbol in der Geschichte auf.*
3) *Entdecken Sie das Muster, für welches das Symbol steht.*
4) *Finden Sie die Quelle des Symbols und vergeben Sie ihr und sich.*
5) *Bauen Sie die Geschichte um.*

Wie einfach und fundamental verändernd für den Herzmagneten dieser Weg sein kann, zeigt Kathys Geschichte ...

Wie Kathy endlich die Zeitungen verlor

Kathy ist eine siebenunddreißigjährige, zierliche Frau. Sie malt gerne, formt kleine Skulpturen, singt, tanzt und drückt auf viele Arten ihre Gefühle aus. In den letzten acht Jahren hatte sie drei längere Beziehungen. Jede endete damit, dass Kathy sich schmerzvoll trennte, weil ihre Partner ihr demonstrativ Geringschätzung entgegenbrachten und sie sich benutzt fühlte. Sie war innerlich am Verzweifeln und fühlte sich unzulänglich und schuldig, weil sie nicht herausfand, was immer wieder schieflief. Kathy begab sich auf die Suche nach dem Muster in ihrem Magneten:

1. Beobachte, was geschieht: Etwas in meinem Leben stimmt nicht. Ich will etwas nicht. Was ist das?

Kathys Antwort: »Ich will folgende konkrete Dinge auf gar keinen Fall mehr erleben: Dass ein Mann, mit dem ich eine Beziehung habe, beim Frühstück Zeitung liest. Dass er gleich nach dem Heimkommen den Fernseher einschaltet. Dass er sich dauernd zurückzieht, um irgendwelchen sinnlosen Hobbys nachzugehen. Alle drei vergangenen Partner haben genau dies mit Vorliebe getan und es hat mich tief verletzt.

2. Finde das Symbol: Worin liegt das Symbol und für welche Gefühle steht es? Welchen inneren »Film« habe ich erschaffen? Warum genau will ich das nicht?

»Da bereite ich ein wirklich wunderschönes gemeinsames Frühstück

und der Mann, der mich eigentlich lieben und schätzen sollte, verschanzt sich hinter seiner Zeitung, statt es zu bemerken und sich mit mir zu beschäftigen. Jemand, der so etwas tut, schätzt mich nicht und liebt mich nicht. Ich mache den Haushalt und er sieht fern oder pflegt seine Hobbys, statt sich mir zu widmen, wenn er schon mal da ist. Zeitunglesen und allein Fernsehen sind ein klares Symbol für Missachtung.«

3. Erkenne das Muster: In welchen Filmstücken des Lebens sind ähnliche Symbolhandlungen abgelaufen? Beim ersten oder beim letzten Partner? Im Elternhaus? Was haben diese einzelnen Filmabschnitte gemeinsam? Wobei verhalten sich die Hauptdarsteller ähnlich? Diese Gemeinsamkeiten sind das »Muster«.

»Wenn ich zurückdenke, haben die meisten meiner Partner mich nicht respektiert. Und sie haben mich das ganz deutlich spüren lassen. Das ist das gemeinsame Muster der Geschichten.«

4. Finde die Quelle und vergib ihr: Wo ist das Muster zum ersten Mal aufgetaucht? Wo kann dieser Filmabschnitt (die Erinnerung) entstanden sein? Häufig in der Kindheit oder in einer bedeutsamen Beziehung.

»Mein Vater ist so mit meiner Mutter umgegangen. Sie hat sich aufgeopfert und er hat einfach sein Zeug gemacht, ohne sie zu schätzen. Er hat sich hinter seiner Zeitung verschanzt, als wäre sie eine Mauer. Und ich musste das als Kind beobachten. Es war einfach schlecht. Schon damals habe ich beschlossen, selbst niemals Zeitung zu lesen, wenn andere dabei sind. Ich mag heute noch keine Zeitungen. Und keinesfalls will ich Partner haben, die sich auch nur annähernd in diese Richtung verhalten. Dummerweise kommen andauernd solche Menschen in mein Leben.«

Als Kathy herausgefunden hatte, dass ihr Vater die Filmvorlage geliefert und ihr Programm erschaffen hatte, wusste sie, warum ihr Magnet Männer anzog, die sich in dieser Hinsicht exakt wie ihr Vater verhielten. Sie konnte sich selbst vergeben, weil sie wusste, dass sie zu keinem Zeitpunkt etwas falsch gemacht hatte. Sie konnte ihrem Vater vergeben, weil sie erkannte, dass er es damals nicht besser wusste und konnte. Hätte er es besser gewusst und gekonnt, hätte er es geändert.

5. Baue die Geschichte um: Wie könnte eine Filmszene aussehen, in der ein geliebter und liebevoller Mensch genau das tut, was früher ein nicht liebevoller Mensch getan hat?

Kathy stellte sich folgende Geschichte vor:

»*Ich habe gerade keinen Partner, aber ich stelle mir vor, er wäre schon an meiner Seite. Ich sehe den Frühstückstisch in meinem Wohnzimmer. Es ist Sonntagmorgen. Es war eine wundervolle Nacht mit aller Liebe und Wärme, die ich mir immer ersehnt habe. Ich spüre, wie sehr er mich liebt, ich weiß es einfach. Ich gehe in die Küche und bereite das Frühstück für uns beide, während ich höre, wie er im Bad unter der Dusche steht und vor sich hin summt. Ich liebe es, das zu hören. Ich bekomme die Idee, im Laden gegenüber frische Brötchen zu holen. Auf dem Weg dorthin komme ich an einem Zeitungsstand vorbei und bleibe stehen. Ich weiß, dass er gerne Zeitung liest. Wie mein Vater früher. Ich kaufe eine Zeitung und auf dem Rückweg pflücke ich ein paar Blumen aus dem Vorgarten. Ich bin zurück, ehe er aus dem Bad kommt. Er hat nicht bemerkt, dass ich fort war. Ich schmücke den Tisch mit den Blumen, stelle die frischen Brötchen hin und lege ihm die Zeitung neben seinen Teller.*

Als er kommt, bleibt er stehen und bewundert den Frühstückstisch. Ich sehe ihm an, wie sehr er sich freut. Er umarmt mich und wir setzen uns. Er entdeckt die Zeitung, sieht mich an und macht eine Bemerkung darüber, wie aufmerksam ich bin und dass er doch nicht Zeitung lesen kann, während ich am Tisch sitze. Ich spüre, wie sehr er mich liebt, und ich spüre, wie er sich über die Zeitung freut. Ich ermuntere ihn und bitte ihn um die Reisebeilage. Wir frühstücken, genießen den Duft von Kaffee, Brötchen und frischen Blumen und lesen uns abwechselnd interessante Dinge aus unseren Teilen der Zeitung vor. Ich liebe das, was gerade an meinem Tisch geschieht.«

Eine weitere Möglichkeit, um eine störende symbolhafte Handlung in Ihrem Magneten abzuschwächen, ist es, genau das, was Sie am anderen ablehnen, selbst einige Male zu tun. Natürlich nur, wenn es niemandem schadet. Beobachten Sie genau, was Sie dabei fühlen. Wahrscheinlich ist das Symbol danach deutlich schwächer oder aufgelöst, weil Sie spüren, dass es einfach nur eine Handlung ist.

Wie Sie von symbolhaften Gegenständen loskommen

◆ Setzen Sie sich ruhig hin und betrachten Sie den Gegenstand so genau, wie Sie ihn noch nie betrachtet haben. Sehen und fühlen Sie das Material und die Verarbeitung. Spielen Sie mit der Funktion herum, wenn er eine hat. Spüren Sie die Struktur und das Gewicht. Nehmen Sie den Gegenstand mit allen Ihren Sinnen so gut wahr, wie es möglich ist. Riechen, spüren, wiegen, schmecken Sie ihn. Nach kurzer Zeit wird es nur noch ein Gegenstand ohne Bedeutung sein.

◆ Suchen Sie Beispiele, in denen ein vergleichbarer Gegenstand auftritt und nichts oder das Gegenteil bedeutet.

◆ Es mag im Durchschnitt so sein, dass das Symbol stimmt, doch können Sie absolut und ohne Zweifel sicher sein, dass es genau jetzt in Ihrem Fall auch genau so ist? Fragen Sie sich das und spüren Sie, was in Ihnen geschieht, wenn Sie die Antwort erkennen.

Erik und die Nadel der Liebe

Erik, ein dreiundfünfzigjähriger kaufmännischer Angestellter, lebte seit dem Zeitpunkt der Trennung von seiner über alles geliebten Frau, vor sieben Jahren, ohne eine Beziehung. Jeden Morgen band er seine Krawatte und steckte sie mit einer goldenen Krawattennadel fest, die ihm seine Frau zum ersten Hochzeitstag geschenkt hatte. Immer, wenn er die Nadel befestigte, erinnerte er sich an die Liebe, die er damals empfunden hatte und auch heute noch in sich spürte. Doch wenn er aufsah, erblickte er seine Realität und spürte die Leere in seinem Leben. Dieser Schmerz war so übermächtig, dass er sich auf keine neue Beziehung einlassen konnte. Eines Tages vertraute Erik sich einem Freund an. Der Freund ließ ihn die Nadel ansehen und so detailliert wie möglich beschreiben, was er gerade sah. Die Farbe, die Form, das Gewicht, die Oberflächenbeschaffenheit ... In diesem Augenblick erkannte Erik drei Dinge:
• Die Nadel war nur ein Stück Metall und nicht die Liebe zu seiner Frau.

• Es war kein Zeichen von Liebe, alte Symbole oder Erinnerungen »in Ehren« zu halten, schon gar nicht, wenn sie Schmerz erzeugen.

• Es war nicht unrecht, weiterhin Liebe zu seiner ehemaligen Frau zu spüren und gleichzeitig andere Frauen kennenzulernen und sich für diese zu öffnen. Es war weder ein Betrug noch ein Verrat an seiner eigenen Empfindung von Liebe. Im Gegenteil: Frei zu werden für Erfüllung und Freude im eigenen Leben war ein Zeichen von Liebe zu sich selbst.

Nachdem er dies erkannt hatte, konnte Erik das Symbol seiner Einsamkeit wegwerfen, ohne dabei Schmerzen zu empfinden.

In den folgenden Wochen begann er damit, viele Gegenstände aus der ehemals gemeinsamen Wohnung zu verkaufen und zu verschenken. Je mehr er dies tat, desto freier fühlte er sich. In Erik kam geradezu ein Hochgefühl dabei auf, wenn er alte und neuere Gegenstände der gemeinsamen Vergangenheit aus seinem Leben entfernte. Schließlich zog er in eine andere Wohnung um und richtete sich völlig neu ein. Sechs Monate später lernte er zum ersten Mal seit langer Zeit wieder eine Frau kennen und lieben.

Es ist kein Zeichen von Liebe,
sich selbst wehzutun.
Ein Zeichen von Liebe ist es, alles zu tun,
damit man selbst keine Schmerzen hat.

Lieben statt kämpfen: Bauen Sie Ihre Geschichte um!

Für negative Gefühlsprogramme, die durch Symbole ausgelöst werden, gibt es einen wundervollen Weg, um den eigenen Magneten sofort umzuprogrammieren:

Verbinden Sie die vergangene Handlung oder den Gegenstand mit Liebe anstatt mit einer negativen Erfahrung. Stellen Sie sich die vergangene Situation vor, in der das Symbol auf eine Weise benutzt wurde, die Ihnen wehgetan hat. Dieses Gefühl kennen Sie. Und jetzt fragen Sie sich: »Wie könnte - nur theoretisch und als Spiel - alles ganz anders sein?«

Erfinden Sie einen neuen inneren Film, mit einem Menschen, den Sie sehr lieben und der Sie sehr liebt. Dieser Mensch muss nicht real sein. Stellen Sie sich einfach den perfekten Partner und Ihre Liebe zu ihm vor. Wenn Sie dieses Gefühl in sich spüren, stellen Sie sich vor, wie dieser Sie über alles liebende Mensch dasselbe Symbol benutzt, weil er es gerne tut und weil er nicht weiß, was Sie früher damit erlebt haben. Beobachten Sie ihn und spüren Sie, wie sehr Sie ihn lieben, wenn Sie sehen, dass er dies tut. Er macht es, weil es ihm guttut. Es hat nichts mit Ihnen zu tun. Spüren Sie weiter Ihre Liebe zu diesem Menschen und beobachten Sie, was er tut. Und nun spüren Sie, was das alte Symbol jetzt in Ihnen auslöst. Ist es Freude? Ist es Liebe?

In dem Augenblick, wenn Sie dies spüren, haben Sie Ihren Herzmagneten von der Kraft des alten Symbols befreit. Sie werden die Situation künftig nicht mehr anziehen. Und falls Ihnen auffällt, dass jemand etwas Ähnliches tun sollte, werden Sie es beobachten und tief in sich wissen, dass es mit Ihnen nichts mehr zu tun hat.

Symbole: Grund & Sinn

Grund

◆ Gegenstände und Handlungsweisen, denen Sie eine symbolische Bedeutung gegeben haben, helfen Ihnen, in ähnlichen Situationen schnell Entscheidungen zu treffen. Manchmal zu schnell.

◆ Mit jedem Symbolgegenstand und jeder symbolhaften Handlung haben Sie intensive Gefühle verknüpft. Diese Gefühle sind Teil Ihres Magneten und ziehen Menschen an, die nach genau diesen Gefühlen suchen.

Sinn

◆ Der Sinn jedes unbewusst selbst erzeugten Symbols liegt letztlich darin, es abzulegen und davon frei zu werden. Nur wenn Sie einen Gegenstand oder eine Erinnerung als das sehen, was er/sie ist - ein Gegenstand oder ein Gedanke über die Vergangenheit - können Sie im Hier und Jetzt nach Ihrem wahren Gefühl entscheiden.

◆ Sie können für sich selbst bewusst neue Symbole erfinden und sie mit Gefühlen verknüpfen, die Sie in Ihrem Magneten haben möchten. Die Symbole sind dann Erinnerungshilfen an das, was Sie fühlen wollen.

„Man sieht nur mit dem Herzen gut.
Das Wesentliche ist für die Augen unsichtbar."

Antoine de Saint-Exupéry

französischer Schriftsteller und Flieger

(Zitat aus: Der kleine Prinz)

* 29. 06. 1900 · Lyon † 31. 07. 1944 · über dem Mittelmeer nahe Marseille

Erlebtes Wissen zum fünften Geheimnis

◆ Suchen Sie nach symbolischen Gegenständen in Ihrer persönlichen Umgebung. Was wecken diese in Ihnen? Wenn es unschöne Gefühle wie Schmerz, Verlust oder melancholische Erinnerungen sind, programmieren Sie auf diese Weise Ihren Magneten: Entfernen Sie probeweise diese Gegenstände und spüren Sie wieder. Verändert sich Ihr Gefühl in Richtung Freiheit? Dann sollten Sie Entscheidungen treffen.

◆ Gibt es Dinge, die in Ihnen positive Gefühle auslösen, ohne mit unschönen Erinnerungen Ihrer eigenen Vergangenheit verbunden zu sein? Figuren, Bilder, Kleidung, Düfte, Klänge ... So können Sie Ihren Magneten mit Gefühlen aufladen, die zu Ihrer künftigen Lebensidee passen.

◆ Beobachten Sie Menschen, bei denen Sie eine starre Haltung zu bestimmten Themen bemerken. Wo verteidigen diese einen Glaubenssatz, obwohl auch das Gegenteil stimmen könnte? Was versuchen sie damit zu vermeiden? Wie wirken diese Menschen auf Sie?

Wie Sie Ihren Magneten neu ausrichten

◆ Entrümpeln Sie Ihr Leben. Wo immer Gegenstände in Ihrer Umgebung schmerzhafte Erinnerungen auslösen, trennen Sie sich davon. Wenn etwas sowohl schöne als auch schmerzhafte Gefühle auslöst, trennen Sie sich dennoch davon, wenn es möglich ist. Wenn Sie über den materiellen Wert eines Gegenstandes nachdenken sollten und sich deshalb nicht trennen möchten, bedenken Sie, dass die Gefühle dazu Ihren Magneten und Ihr Leben bestimmen.

◆ Wenn Sie bestimmte Verhaltensweisen oder Eigenschaften an anderen stark ablehnen, hat es etwas mit Ihnen zu tun, sonst würden in Ihnen keine Gefühle aktiviert. Was ist das und warum?

Hat das, was andere praktizieren, tatsächlich für Ihr Lebensglück Bedeutung? Wollen Sie zulassen, dass die Eigenarten anderer Menschen in Ihnen Gefühle auslösen und damit Ihren Magneten programmieren? Oder wollen Sie frei sein? Treffen Sie Entscheidungen.

◆ Welches Verhalten an Ihrem Vater, Ihrer Mutter oder einem Expartner haben Sie beobachtet und besonders abgelehnt? In welcher Hinsicht wollten Sie nie »so sein« oder etwas »nie wieder erleben«? Warum? Wofür steht es Ihrer Meinung nach, was symbolisiert es? Und stimmt das auch wirklich immer und bei jedem Menschen? Die Wahrscheinlichkeit, dass Sie es genau dadurch immer wieder anziehen, ist groß.

Das sechste Geheimnis

„Menschen in Ihrer
Nähe
verhalten sich selten so,
wie Sie es wollen,
aber häufig so,
wie Sie es befürchten."

Die selbsterfüllende Prophezeiung

Sie sind verbunden. Wir alle sind miteinander verbunden, das ist Teil unserer Konstruktion. Es ist ein Naturgesetz. Ein Mensch, mit dem Sie Kontakt haben, spürt, was Sie fühlen und denken. Je weniger er sich dieser Tatsache bewusst ist, umso deutlicher reagiert er automatisch. Dass dieses »Resonanzgesetz« sogar unabhängig von der Entfernung funktioniert, haben Sie selbst schon oft erlebt: Sie denken an einen Menschen und nahezu im selben Augenblick meldet er sich bei Ihnen. Die Wissenschaft beginnt gerade, dieses uralte Wissen unter dem Thema »Spiegelneuronen« neu zu entdecken und zu erklären. Ganz kurz gesagt ist man dabei zu beweisen, dass Bestandteile in unseren Körperzellen wie Sender und Empfänger mit den Zellen anderer Menschen in Kommunikation treten.

Wenn das, was Sie sagen oder tun, nicht mit dem übereinstimmt, was Sie denken und fühlen, werden andere Menschen dies als unstimmig und verwirrend wahrnehmen. Misstrauen und Abstand sind die Folge. Wenn Ihr Denken, Ihre Gefühle und Ihr Handeln übereinstimmen, werden Sie von anderen als authentisch, integer und »echt« empfunden. Vertrauen und Nähe sind die Folge.

Was Sie sagen oder wie Sie wirken möchten,
ist nur ein geringer Auslöser in Ihrem Magneten.
Viel stärker wirkt, was Sie wirklich denken
und fühlen.

Dies ist auch der Grund, warum niemand das Geheimnis des Herzmagneten missbrauchen kann. Ihr Herzmagnet ist vollkommen authentisch. Er strahlt Ihre Gefühle aus. Wenn Sie etwas denken und
in sich das Gegenteil fühlen, wird letztlich das geschehen, was Sie
fühlen. Sie können sich zwar wünschen, etwas in diese oder jene
Richtung zu lenken, aber wenn Sie etwas anderes fühlen, bestimmt
dieses Gefühl den Weg. Kurzfristig mag es sein, dass ein Mensch
auf das reagiert, was Sie sagen. Langfristig wird er spüren, was Sie
fühlen, und dies wirkt wie ein Programm auf sein Unterbewusstsein.
Er wird wahrscheinlich nicht erkennen, dass es Ihre Geschichten
und Ihre Gefühle sind, die auf ihn wirken. Deshalb wird er Ihrem
ausgestrahlten Programm früher oder später folgen, als wäre es sein
eigenes.

Judiths Angst vor Lügen

*Judith ist zweiunddreißig, als sie sich in den
acht Jahre älteren Harald verliebt. In ihren
vergangenen Beziehungen hatte Judith eine
Reihe von Erfahrungen mit Männern gemacht, die auffällige Gemeinsamkeiten aufwiesen. Ein Merkmal dabei war es, dass die Männer
Judith irgendwann zu belügen begannen. Die Gründe und Themen
waren unterschiedlich, aber früher oder später tauchten Unwahrheiten
und Unehrlichkeit so zuverlässig auf wie Sterne am wolkenlosen Nacht-
himmel. Gerade aus diesem Grund legte Judith bei anderen Menschen
und sich selbst außerordentlichen Wert auf Authentizität. Sie hatte eine
Art siebten Sinn für Lügen entwickelt. Grundsätzlich war sie einfühl-*

sam, innerlich gereift und tolerant. Einzig belogen zu werden konnte sie nicht ertragen, weil es für sie ein Symbol für persönliche Missachtung, fehlende Liebe und mangelnde Reife war.

Harald und Judith gingen von Beginn ihrer Beziehung an sehr offen miteinander um. Sie erzählten sich von ihren Erlebnissen, Erfahrungen, Wünschen, Hoffnungen und Ängsten.

Harald wusste schnell um Judiths schmerzenden Punkt und er beschloss, besonders darauf zu achten, sie nie zu belügen. Er kannte auch das Geheimnis der sich selbst erfüllenden Prophezeiung und wusste, dass er nun Judiths Gefühlsprogramm ausgesetzt war. Eines Abends, als er allein in seinem Bett lag und all seine Liebe für sie spürte, beschloss er, dass er der Mann sein wollte, der Judiths schlechte Erfahrungen mit Unehrlichkeit und Missachtung widerlegen würde. Er beschloss, ihre Heilung zu diesem Thema zu werden.

Harald achtete darauf, immer vollkommen offen mit seinen Gedanken und Gefühlen ihr gegenüber zu sein. Eines Tages kam er spät nach Hause und sie fragte ihn, wo er gewesen sei. Er erzählte, dass er sich in einem Café mit Bekannten unterhalten hätte. Judith sah ihn prüfend an und sagte: »Aha. Mit Bekannten also.«

Er nickte und erwähnte die Namen seiner Bekannten – zwei Frauen und ein Mann – und über was sie gesprochen hatten. Sie musterte ihn mit einem Misstrauen, das er bislang noch nicht bei ihr gespürt hatte. Und während er erzählte, was er erlebt hatte, begann ein Teil von ihm darüber nachzudenken, was Judith gerade misstrauisch machen könnte. Vielleicht glaubte sie – aufgrund einer vergangenen Erfahrung –, dass er mit anderen Frauen flirtete und daran dachte, sie zu verlassen? Tatsächlich war eine der beiden Frauen am Tisch attraktiv gewesen und Harald hatte ein wenig geflirtet. Sollte er Judith das erzählen und damit ihr Misstrauen bestätigen? Obwohl er sie über alles liebte und nicht im Traum daran dachte, sie zu verlassen?

Nein, er würde kein Öl in ihr Feuer schütten. Er hatte doch beschlossen, nicht einer von den Männern zu sein, die ihr Verletzungen zufügten. Noch während Harald erzählte, bemerkte er, wie er sich unsicher fühlte, und je mehr dies geschah, umso misstrauischer musterte Judith ihn.

»Waren die Frauen hübsch?«, fragte sie.

Er schüttelte spontan den Kopf und spürte, wie die Situation sich seiner Kontrolle entzogen hatte. Vollkommen bewusst über Judiths Programm, war er dennoch nicht fähig, ihr gegenüber ehrlich zu bleiben. Er erkannte dies sofort und überlegte, ihr zu gestehen, dass er soeben nicht die Wahrheit gesagt hatte. Doch damit hätte er den Beweis geliefert, dass Judith mit ihrer Annahme, immer wieder belogen zu werden, recht hatte. Harald spürte, dass er in einer Falle saß, und er fand keinen Ausweg. Er war Teil ihrer Befürchtungen geworden.

Von diesem Vorfall an fühlte er sich in der Beziehung deutlich schlechter als zuvor. Und er beobachtete ein seltsames Phänomen in sich selbst: Nachdem eine Lüge bereits stattgefunden hatte, war sein Wunsch, immer vollkommen offen zu sein, deutlich gesunken. Immer wieder musste er den Gedanken fortwischen, der ihm sagte, dass Judith es ja geradezu darauf anlegte, belogen zu werden. Harald fühlte sich unzulänglich und gleichzeitig spürte er eine Art Wut auf Judith, weil sie ihn vor eine so schwere Aufgabe stellte. Die Beziehung hatte einen deutlichen Bruch erlitten und ging wenige Monate später auseinander.

Wie das Feld Ihres Magneten auf andere wirkt

Stellen Sie sich vor, Sie könnten die Gefühle eines anderen Menschen hören wie eine Melodie. Es wird Stücke geben, die Sie so schön finden und die sich so gut anfühlen, dass Sie sie immer wieder hören möchten. Andere Gefühlsstücke erzeugen in Ihnen kaum ein besonderes Gefühl. Manche werden Sie gar nicht bewusst wahrnehmen. Wieder andere sorgen dafür, dass Sie sich schlecht fühlen.

Solange die schönen Melodien überwiegen, können Sie das eine oder andere unschöne Stück ertragen. Was aber werden Sie tun, wenn eine Melodie, die Sie als sehr unangenehm empfinden, besonders laut und häufig auftaucht?

Zuerst werden Sie versuchen, sie zu ignorieren. Vielleicht versuchen Sie auch zu lernen, sie zu lieben, weil Sie den anderen Menschen lieben. Eventuell entsteht in Ihnen der Gedanke, dass man für die Liebe auch Opfer bringen müsste.

Dennoch bleibt die unschöne Melodie in Ihrem Ohr und nicht nur das … Sie wird ständig lauter. Was werden Sie tun?

Vielleicht werden Sie versuchen, den anderen Menschen dazu zu bringen, ein anderes Stück aufzulegen. Oder Sie werden bewusst die Ohren verschließen. Schließlich werden Sie vielleicht ganz deutlich sagen, der andere möge dieses Lied doch bitte nur noch spielen, wenn Sie nicht anwesend sind.

Und wenn all das nichts nützt? Vielleicht werden Sie wütend und versuchen mit allen Mitteln, den anderen davon abzubringen, diese Melodie zu spielen. Und wenn auch das nichts nützt, dann werden Sie gehen.

Ihr Partner oder ein nahestehender Mensch
wird sich sehr wahrscheinlich genau so verhalten,
wie Sie es befürchten.
Die Frage ist nicht »ob«, sondern »wann«.

Die in Wahrheit geheimnislose Verbindung

Wenn Sie mit einem Menschen eine enge oder intime Beziehung haben, gibt es keine wirklichen Geheimnisse. Sie können zwar versuchen, Informationen bei sich zu behalten, doch Sie können nicht verhindern, dass der andere die Gefühle in Ihrem Herzmagneten wahrnimmt. Wenn Sie glauben, es wäre gut für Ihre Beziehung, bestimmte Dinge nicht zu sagen, mag das stimmen. Es kann jedoch auch sein, dass der andere den Unterschied zwischen dem, was sie sagen, und dem, was Sie denken und fühlen, deutlich als Unstimmigkeit wahrnimmt. Und eventuell entfernt er sich damit von Ihnen und Sie sich von ihm.

Einem anderen Menschen sein größtes Geheimnis zu offenbaren kann einer der größten Vertrauensbeweise sein und große Veränderungen in einer Beziehung bewirken. Es braucht oft Mut, denn zunächst muss man sich sein Geheimnis selbst ansehen und sich nicht dafür verurteilen. Aber eines ist sicher: Auch wenn es riskant aussieht, wird Mut in Beziehungen letztlich immer belohnt.

Jeder Fall ist anders und natürlich entscheiden Sie immer selbst. Der Herzmagnet hilft Ihnen nur zu verstehen, was zwischen Menschen stattfindet und wie sich Ihre Entscheidung, etwas zu tun oder zu lassen, auswirken kann.

*Sehen Sie in sich selbst hinein. Und helfen Sie Ihrem
Partner oder geliebten Menschen, in sich selbst hinein-
zusehen. Dort ist großer Schmerz, seien Sie deshalb
behutsam und liebevoll zu sich selbst und zu ihm.*

Die unsichtbare Macht

Menschen reagieren umso automatischer auf die Gefühle anderer
Menschen, je weniger sie um das Gesetz von Gefühlsausstrahlung
und Reaktion darauf wissen. Aber wie ist es, wenn beide dieses Geheimnis kennen? Ist das Problem der selbsterfüllenden Prophezeiung dann gelöst? Oder kann sogar ein einziger wissender Partner
die Prophezeiung des anderen ausgleichen, indem er bewusst nicht
darauf reagiert?

Was Sie bei einem zwischenmenschlichen Problem beobachten, ist
das Verhalten. Ihres und das des anderen. Deshalb kann es sein, dass
Sie das Problem durch neues Verhalten lösen möchten, zum Beispiel,
indem Sie versuchen, auf eine ganz bestimmte Weise, oder absicht-
lich gar nicht, zu reagieren.

Das Verhalten ist jedoch nur die Oberfläche des Geschehens, ähnlich
der Spitze eines Eisberges. Es ist der Wegweiser, der auf die Quelle
der Prophezeiung - in Ihnen selbst oder im anderen - hindeutet. Diese Quelle besteht aus Gedanken und Gefühlen, welche den Magneten
speisen, und nur hier kann die Prophezeiung gelöst werden.

Lösung zur selbsterfüllenden Prophezeiung

Es ist wichtig zu verstehen, dass die Ausstrahlung einer selbsterfüllenden Prophezeiung eine wirklich enorme Kraft besitzt. Es ist sehr
energieaufwändig, unerfreulich und anstrengend, sich ihr zu wider-

setzen, solange die Quelle unablässig weitersendet. Viele Menschen haben Angst, die Ursache in sich selbst anzusehen, und entscheiden sich damit, ihre eigene Prophezeiung auch in Zukunft fortzusetzen. Das ist weder gut noch schlecht, es ist nur gut, zu wissen, dass auch dies eine Entscheidung ist.

Was jemand über Sie glaubt, hat eine enorme Kraft, solange Sie etwas anderes beweisen wollen. Und es verliert alle Kraft, sobald Sie erkennen, dass der Glaube einer anderen Person mit Ihnen nichts zu tun hat.

◆ Wenn Sie der Sender der Prophezeiung sind

Prüfen Sie, was Sie befürchten, und ändern Sie Ihre Überzeugung. Ihr Beziehungspartner kann für Sie auf Dauer nichts tun, was Sie nicht auch selbst tun. Was immer Sie denken, wird nur geschehen, solange Sie glauben, es sei wahr. Wenn Sie eine innere Geschichte verändern wollen, um Ihre eigene Prophezeiung endlich loszuwerden, haben Sie zwei Möglichkeiten:

1. *Die Kraft der Fantasiereise*

Ersetzen Sie die alten Erinnerungen und Gefühle durch neue Gedanken und Gefühle, so wie in der Geschichte von Kathy und den Zeitungen im fünften Geheimnis. Tun Sie dies immer wieder, so lange, bis Sie spüren, dass Ihre negativen Gefühle zu einem Thema sich aufgelöst haben.

2. *Die Kraft der Wahrheit*

Prüfen Sie, ob das, was Sie denken, und glauben, eine Tatsache ist. Stimmt das, was Sie bisher erfahren haben, tatsächlich immer? Wird es auch in der Zukunft und in jedem Fall so sein? Absolut sicher und ohne jeden Zweifel? Oder könnten Sie sich Fälle denken, in denen alles anders ist? Wie wäre es, wenn das, was Sie denken, nicht stimmen würde? Wie würden Sie sich - nur theoretisch und als Spiel - dann fühlen? Spüren Sie dieses neue Gefühl einige Male, am besten eine Woche lang jeden Abend vor dem Schlafen. Es wird Ihren Magneten verändern.

◈ Wenn Sie der Empfänger der Prophezeiung sind

Ihre erste Aufgabe ist es, selbst innerlich von dem Thema frei zu werden. Wenn Sie in sich selbst hineinfühlen, werden Sie erkennen, dass der andere auch in diesem Fall Ihr Spiegel ist. Sie werden irgendwo tief in sich dieselbe Angst finden, die Sie beim anderen spüren. Genau hier können Sie etwas Wirksames für Ihre gemeinsame Beziehung tun. Und einmal mehr werden Sie feststellen, dass sich alles ändern kann, wenn Sie sich ändern. Wenn Sie es möchten und der andere es freiwillig annimmt, können Sie gemeinsam hinsehen, was gerade geschieht.

Sie haben so gut wie keine Chance, wenn Sie auf der Ebene des Verstandes reagieren. Hören Sie auf, »nicht reagieren« zu wollen. Hören Sie auf, es verhindern oder etwas beweisen zu wollen. Versuchen Sie nicht, »es gut« oder »richtig« zu machen, oder zu helfen. Das alles ist der Beginn der Verstrickung, aus der Sie nicht mehr herauskommen, und Sie verstärken das Programm des anderen nur noch.

Die Programme im Magneten der anderen Person bestehen aus tiefen Überzeugungen, Ängsten oder Verletzungen. Sie sind so stark und oft ein Leben lang immer wieder geübt, dass sie auf jede denkbare Entgegnung Ihrerseits perfekt reagieren. Solange Sie »im Spiel« bleiben, sind alle möglichen Züge auf dem Spielbrett der Prophezeiung - unbewusst - vorausberechnet. Bis auf einen: Wenn Sie das Spielfeld von Argument und Gegenargument, von Bewegung und Reaktion verlassen und die Liebe zu sich selbst spüren. Dem Magnetfeld einer selbsterfüllenden Prophezeiung ausgesetzt zu sein ist für Sie ein Weg zur Eigenliebe und dazu, den anderen genau so anzunehmen, wie er ist. Ohne ihn verändern oder gar »heilen« zu wollen. Genau dies, also Ihre Liebe, die nichts erreichen will, ist die Heilung für Sie beide.

„Der Zufall ist das Pseudonym, das der liebe Gott wählt, wenn er inkognito bleiben will."

Albert Schweitzer

evangelischer Theologe und Pfarrer,

Orgelkünstler, Musikforscher, Philosoph und Arzt

* 14. 01. 1875 - Kaysersberg † 04. 09. 1965 - Lambaréné, Gabun

Die stärksten Kräfte in Ihrem Magneten

Nach der Liebe ist Angst die stärkste Kraft im Universum der Gefühle. Falls Sie in Ihrem Magneten einen kleinen Saboteur vermuten, ist es mit großer Wahrscheinlichkeit eine Form von Angst.

Jeder von uns Menschen hat Ängste, auch oder besonders diejenigen, die das Gegenteil behaupten. Angst ist ein normaler Bestandteil unseres Gefühlslebens, so wie Freude oder Liebe. Der Unterschied liegt nicht im »ob« oder »ob nicht«, sondern im Grad der Bewusstheit und des Umgangs damit. Allein das Erwähnen von Angst bewirkt bei vielen Menschen, dass sie sich abwenden. Dabei ist Angst – wenn man sich weiterentwickeln möchte – eine nützliche Angelegenheit.

Im praktischen Leben ist sie ein wichtiger Gefühlsmechanismus, um uns vor körperlicher Gefahr zu bewahren. In Beziehungen ist sie ein perfekter Hinweisgeber, der zeigt, wo in unserem Magneten ein Programm sitzt und unbeaufsichtigt vor sich hinwirkt. Angst ist hier wie ein Finger, der genau auf die Stelle deutet, die eine Ursache für unerwünschte Ereignisse im Leben ist. Damit wir es ändern können.

Laura und die verschwundenen Männer

Laura, eine leitende Angestellte in einem Medienunternehmen, machte bei der Suche nach Gemeinsamkeiten im Ablauf ihrer Beziehungen eine erstaunliche Entdeckung: Praktisch alle Männer in ihrem Leben, ganz gleich, ob die Beziehung nur Wochen oder Jahre gedauert hatte, hatten sie am Ende spontan, ohne erkennbaren Anlass und ohne Erklärungen verlassen. Sie waren plötzlich einfach »weg«. Dieses Verhalten war so auffällig, dass Laura die Idee entwickelte, sie wäre von einer Art Fluch besessen. Nachdem auch Besuche bei Experten zu diesem Thema keine Veränderung brachten, war sie kurz davor, alle Hoffnung auf eine glückliche und andauernde Partnerschaft aufzugeben. Um weiteren Wiederholungen vorzubeugen, hatte sie sich sogar angewöhnt, neuen möglichen Partnern gleich zu Beginn von diesem »Thema« zu erzählen. Die Reaktion darauf war immer dieselbe: ungläubiges Erstaunen und die Versicherung, dass er – der jeweilige Mann – dies garantiert nicht tun würde. Irgendwann kam es jedoch immer genau dazu: Verlassen, ohne Ankündigung und Erklärung.

Nachdem alle Versuche, diesen scheinbaren »Fluch« aufzulösen, nicht fruchteten, rutschte Laura – was ihr Beziehungsglück betraf – in eine äußerst hoffnungslose Gefühlslage. Sie wusste um die Kraft der Anziehung, hatte aber absolut keine Idee, was die Ursache in ihrem Herzmagneten sein konnte, die solche Verhaltensweisen bei ihren Partnern auslöste.

Sie tappte bis zu dem Tag im Dunkeln, als sie sich mit einer Freundin über ihre Kindheit austauschte und den Ursprung der Ausstrahlung entdeckte. Laura war als eines von sieben Kindern in eine nicht gerade wohlhabende Familie geboren worden. Aus Not und Überforderung heraus hatte Lauras Mutter sie im Alter von zehn Monaten für anderthalb Jahre zu einer verwandten Familie in Obhut gegeben. Obwohl sich Laura daran nicht bewusst erinnern konnte, wurden ihr plötzlich alle Zusammenhänge klar:

Das »Thema« lautete: »Ein zutiefst geliebter Mensch (Mutter) verlässt mich spontan (gibt mich fort), ohne jede Angabe von Gründen.«

Exakt dieses Verhalten hatten alle bisherigen Liebespartner an den Tag gelegt.

Obwohl Laura damals sehr jung gewesen war, änderte das nichts daran, dass dieses Ereignis enorme Gefühle ausgelöst haben musste, die im Unterbewusstsein gespeichert waren. Ob Erlebnisse und damit verbundene Gefühle bewusst oder unbewusst vorhanden sind, spielt für die Wirkung im Herzmagneten keine Rolle. Die versteckte Angst davor, dass sich genau dieses frühkindliche Gefühlsdrama wiederholen könnte, war das »Programm« in Lauras Magneten. Es brachte Männer, die sich länger in dieser Ausstrahlung aufhielten, dazu, früher oder später genau diese Geschichte zu wiederholen.

Als sie den Grund verstand, fühlte Laura sich um eine enorme Last erleichtert, weil sie erkannte, dass sie selbst weder »Fehler« gemacht hatte, noch als Mensch oder Partnerin »unzulänglich« war. Nun konnte sie sich daranmachen, das alte Ereignis zu heilen und ihren Magneten neu auszurichten.

Als Erstes vergab sie sich selbst, weil sie erkannte, dass sie zu keinem Zeitpunkt etwas falsch gemacht hatte. Dann vergab sie ihrer Mutter, aus dem tiefen Verständnis heraus, wie schwer die Zeiten damals gewesen waren und dass Mutter nur das Beste für ihr Kind gewollt hatte. Und auf einmal konnte sie allen Männern in ihrer Vergangenheit vergeben, die sie scheinbar grundlos und ohne Erklärung verlassen hatten, weil sie jetzt selbst um den Grund wusste.

Unsere größte Angst

»Unsere größte Angst ist nicht, unzulänglich zu sein.
Unsere größte Angst ist, grenzenlos mächtig zu sein.
Unser Licht, nicht unsere Dunkelheit, ängstigt uns am meisten.
Wir fragen uns: Wer bin ich denn, dass ich so brillant sein soll?
Aber wer bist du, es nicht zu sein? Du bist ein Kind Gottes.
Es dient der Welt nicht, wenn du dich kleinmachst.
Sich kleinzumachen, nur damit sich andere um dich herum
nicht unsicher fühlen, hat nichts Erleuchtetes.
Wir wurden geboren, um die Herrlichkeit Gottes,
der in uns ist, zu manifestieren.
Er ist nicht nur in einigen von uns, er ist in jedem Einzelnen.
Und wenn wir unser Licht scheinen lassen, geben wir damit
unbewusst anderen die Erlaubnis, es auch zu tun.
Wenn wir von unserer eigenen Angst befreit sind,
befreit unsere Gegenwart automatisch die anderen.«

Nelson Mandela
erster farbiger Präsident Südafrikas, Friedensnobelpreisträger
in seiner Antrittsrede 1994, zitiert nach Marianne Williamson
* 18. 7. 1918 im Dorf Mvezo, Südafrika

Selbsterfüllende Prophezeiungen: Grund & Sinn

Grund

◆ Was immer Sie über die Liebe, über Beziehungen, über sich selbst und andere erfahren haben und glauben zu wissen, erzeugt Gefühle und programmiert Ihren Magneten.

◆ Diese Gefühle wirken als Ihre Ausstrahlung auf die Menschen in Ihrer Nähe und bestimmen - unbewusst, aber sehr wirksam - deren Reaktionen auf Sie und die Gedanken über Sie.

Sinn

◆ Der Sinn der sich erfüllenden Prophezeiungen und Gedanken über andere liegt darin, dass Sie erkennen, welch enorme Kraft und welch großen Einfluss Sie auf den Verlauf Ihres Lebens und Ihrer Beziehungen haben. Je mehr Sie erkennen, welch wundervolles Werkzeug Ihr Magnet und Ihre eigene Ausstrahlung sind, desto mehr werden Sie kraftvoll und bewusst Ihre Gegenwart und Zukunft gestalten.

◆ Der tiefe Sinn liegt darin, dass Sie erkennen, wer Sie früher waren und wer Sie jetzt sind. Ihre alten Prophezeiungen aufzudecken und aufzulösen macht Sie freier, um die Schönheit und Intensität neuer Menschen, Erfahrungen und Abenteuer im Jetzt wirklich zu spüren.

Erlebtes Wissen zum sechsten Geheimnis

◆ Welche Grundhaltung beobachten Sie bei Menschen, mit denen Sie zu tun haben, tendenziell: Grundsätzliches Vertrauen oder grundsätzliches Misstrauen zu anderen und zum Leben? Wie fühlen Sie sich, wenn Sie selbst der jeweiligen Ausstrahlung ausgesetzt sind? So fühlen sich auch andere Menschen in Ihrer Ausstrahlung.

◆ Erinnern Sie sich an die Beziehungen zu Menschen, die ihre schlechten Erfahrungen oder Vorurteile auf Sie angewendet haben. Haben Sie es geschafft, dieser Kraft zu entkommen? Selbst wenn Sie den Menschen sehr liebten: Konnten Sie ihm auf Dauer sein Misstrauen nehmen? Fühlte sich die Beziehung glücklich und leicht an?

◆ Wie fühlen Sie sich, wenn Sie mit Freunden oder Bekannten über einen anderen Menschen sprechen? Wie fühlt es sich an, die positiven Seiten dieses Menschen zu beleuchten? Wie fühlt es sich an, ihn zu verurteilen oder zu beurteilen? Die andere Person wird auf diesen Druck reagieren.

Wie Sie Ihren Magneten neu ausrichten

◆ Welches mögliche Verhalten an anderen Menschen oder Partnern befürchten Sie am meisten? Was glauben Sie, dass »früher oder später« geschehen wird oder geschehen könnte? Stimmt das ganz sicher oder ist es eher Ihre Fantasie? Wollen Sie das wirklich immer wieder in Ihren Magneten »hineindenken«?

◆ Haben Sie bezüglich bestimmter Menschen oder Gruppen deutliche Vorurteile? Warum ist es wichtig für Ihr Leben, dass Sie diese Menschen ablehnen? Damit programmieren Sie eine deutliche Anziehung in Ihren Magneten und müssen eventuell genau diese Menschen immer wieder abwehren. Spüren Sie: Ist es tatsächlich für Ihr Leben von Bedeutung, was andere denken, tun und wie sie sind? Oder ist es von viel größerer Bedeutung, wie Sie selbst denken, was Sie tun und wie Sie sind? Treffen Sie Entscheidungen, denn Ihre Klarheit bestimmt Ihren Magneten.

◆ Was glauben Sie über Ihr eigenes Verhalten? Sind Sie irgendwo »schwierig«? Sind Sie irgendwo tief »verletzt«? Warnen Sie andere vor sich? Versuchen Sie, sich zu schützen? Damit ziehen Sie genau das an. Hat Ihnen Schutz tatsächlich jemals das Lebensgefühl gebracht, das Sie sich ersehnen? Wie wäre es, wenn Sie sich selbst nur als Mensch mit Eigenschaften und Erlebnissen sehen und die Betrachtung damit beenden?

Das siebte Geheimnis

„Die stärkste aller Kräfte
in Ihrem Magneten
ist die Liebe zu
Ihrem eigenen Leben."

Selbstliebe

Liebe ist die stärkste Kraft in Ihrem Magneten. Liebe ist der Turbobeschleuniger bei allem, was Sie erreichen möchten.

Fast jeder Mensch glaubt zu wissen, was Liebe ist, doch kaum jemand kann es beschreiben. Versuchen Sie es selbst einmal: Was ist Liebe? Angenommen, Sie müssten es einem Wesen, das davon keine Ahnung hat, erklären. Spüren Sie, dass es unmöglich ist? Sie können einen Stuhl oder eine Tasse beschreiben, aber nicht Liebe. Sie können um das Wesen der Liebe herumreden, Sie können Vergleiche suchen oder mit Geschichten darauf hindeuten, so, wie es Generationen von Künstlern und Schriftstellern getan haben. Oder Sie können erleben und fühlen, was Nicht-Liebe ist.

Und damit wären Sie genau auf dem Weg, um Liebe zu verstehen und sie gleichzeitig in sich selbst freizulegen. Durch Erlebnisse im Laufe unseres Lebens schälen wir – wie die Schichten einer Zwiebel – alle Überzeugungen ab, die Nicht-Liebe sind.

Der Bildhauer Michelangelo soll auf die Frage, wie er es schaffe, eine derart perfekte und lebendig wirkende Löwenskulptur aus einem Marmorblock hervorzubringen, geantwortet haben: »Ich entferne einfach alles, das nicht nach Löwe aussieht.«

Ähnlich ist die Entdeckung der Liebe. Sie ist bereits vorhanden, Sie müssen nicht danach suchen. Es gibt nichts, was Sie tun können, um Liebe zu erreichen oder zu finden. Ihre einzige Aufgabe besteht darin, immer mehr von dem zu entfernen, was nicht Liebe ist. Der Rest geschieht einfach.

Fragen Sie den besten aller Experten – fragen Sie die Liebe

Wenn Sie unsicher sind, wie Sie sich entscheiden und handeln sollen ...
Wenn Sie unschöne Gefühle und Gedanken verwandeln wollen ...
Stellen Sie sich die eine Frage:
WAS WÜRDE DIE LIEBE TUN?

◆ Wenn ein Mensch – ganz gleich, ob Sie ihn gernhaben oder nicht – sich dauerhaft auf eine Weise so verhält, dass es Ihnen nicht guttut, fragen Sie sich ...
Was würde die Liebe tun? Würde sie wollen, dass Sie sich das selbst antun? Und würde sie wollen, dass Sie zulassen, dass der andere es sich antut, Sie so zu behandeln? Würde die Liebe zulassen, dass Sie sich und dem anderen die Möglichkeit verschaffen, so viele schlechte Gefühle zu erzeugen?

◆ Wenn Sie sich für jemanden aufopfern, weil Sie denken, das kann eben geschehen, wenn man liebt, fragen Sie sich ...
Würde die Liebe das tun? Würde sie wollen, dass Sie sich das selbst antun? Würde sie wollen, dass Sie einer Idee von Liebe folgen, in der Zuneigung mit Leid für Sie selbst verbunden ist?

◆ Wenn Sie sich selbst immer wieder Vorwürfe machen, ob Sie richtig gehandelt haben, fragen Sie sich ...
Was würde die Liebe tun? Würde Sie wollen, dass Sie immer wieder dieselben sinnlosen Gedanken denken und sich dabei selbst wehtun? Oder würde sie wollen, dass Sie erkennen, dass Sie genau so gut und perfekt gehandelt haben, wie Sie es zu dem vergangenen Zeitpunkt konnten? Und dass Sie dadurch gelernt haben und jetzt frei sind für neue Situationen in Ihrem Leben?

Je mehr Sie bleiben lassen,
was nicht liebevoll zu Ihnen selbst ist,
desto mehr werden Sie finden und
erleben, wonach Sie suchen.

◆ Wenn Sie überlegen, ob es besser ist, vernünftig und logisch zu handeln oder grundlos und spontan Dinge zu tun, einfach nur, weil Sie Ihnen Freude bereiten, fragen Sie sich ...
Was würde die Liebe tun?

◆ Wenn Sie jeden Tag eine Arbeit tun, die Ihnen schlechte Gefühle bereitet und Sie auf Dauer traurig und kraftlos macht, fragen Sie sich ...
Was würde die Liebe tun? Würde Sie wollen, dass Sie das machen? Wie würden Sie das der Liebe am Ende Ihres Lebens erklären?

◆ Wenn Sie oft denken, dass das Leben schwierig sei und Sie im Vergleich zu anderen wenig Glück haben, fragen Sie sich ...
Was würde die Liebe tun? Würde sie wollen, dass Sie das von sich und dem Geschenk Ihres Lebens denken?

Gabrielas Körper

Gabriela ist eine wundervolle Frau Mitte vierzig. Wenn sie einen Raum betritt, weckt sie bei den Anwesenden ein Gefühl von Freude, Zuneigung und Geborgenheit. Ihr Gesicht, ihre Ausstrahlung und ihre verständnisvolle und sanftmütige Art, mit Menschen umzugehen, bezaubert alle, die sie näher kennenlernen. Es ist fast unmöglich, sich vorzustellen, mit dieser Frau einen Streit zu haben. Und dennoch wurde Gabriela von ihren letzten beiden Partnern körperlich misshandelt. Wie kann es sein, dass ein Mensch, der eine so intensive Ausstrahlung von Fürsorge, Herzlichkeit und Annahme in seinem Magneten trägt, derartige Partner anzieht?

Nachdem Gabriela die Wirkung des Herzmagneten verstanden hatte, beschloss sie, der Sache auf den Grund zu gehen. Sie überlegte, dass es nur einen Grund geben konnte, warum sich Täter angezogen fühlten: Sie erkannten in ihr ein Opfer. Gabriela suchte weiter nach dem Thema in ihrem Magneten, welches das Gefühl, ein Opfer zu sein, erzeugte, und wurde schnell fündig. Sie fühlte sich als Opfer ihres Körpers.

Gabrielas Körper war etwas fülliger als der Durchschnitt, was von jedem, der ihr begegnete, als stimmig und schön empfunden wurde, denn ihre Statur passte perfekt zu ihrer fürsorglichen Wesensart. Die Art, wie sie sich kleidete und schminkte, unterstrich ihre zauberhafte Ausstrahlung.

Ganz im Gegenteil zu ihrer Wirkung auf Bekannte und Freunde mochte Gabriela selbst ihr Aussehen jedoch nicht. Sie lehnte ihren Körper als zu dick ab und fühlte sich gleichzeitig machtlos, wenn es darum ging, ihr Gewicht zu reduzieren. Sie empfand ihren Körper als Last und als eine Strafe, die verhinderte, dass sie »gute« Männer anzog. Sie glaubte, mit diesem Körper wäre es nur natürlich, Männer anzuziehen, die sie letztlich ebenso ablehnen würden wie sie sich selbst.

Und genau so war es immer wieder geschehen. Gabriela bestrafte sich für ihren Körper und es kamen Männer, die genau dies ebenfalls taten. Als ihr die Auswirkung ihrer Selbstablehnung klar wurde, fasste sie aus tiefem Herzen einen enorm kraftvollen Entschluss: Niemals wieder würde ein Mann sie schlagen oder schlecht behandeln. Sie spürte, dass es vollkommen verrückt war, sich selbst abzulehnen und zu hoffen, dass ein Mann ihr die fehlende Selbstliebe ersetzen würde.

Als Gabriela erkannte, dass ihre Ablehnung genau das Gegenteil von dem bewirkte, was sie eigentlich wollte, begann sie, ihren Körper so zu betrachten, wie es ihr Freunde und Bekannte seit Jahren versicherten: als genau den wundervollen Körper, der perfekt ihre Liebe zu Menschen nach außen strahlte. Gabriela begann, Liebe für sich selbst zu empfinden. Von diesem Zeitpunkt an zog sie Männer an, die ihre Schönheit erkannten und sie genau dafür liebten, wie sie war. Und überraschenderweise nahm sie langsam, aber stetig ab, ohne sich darum zu bemühen. Ihr Bedürfnis, viel zu essen, hatte einfach nachgelassen.

Warum Selbstliebe so wichtig ist - ein Beispiel

Angenommen, ein Mensch war im Leben bisher tendenziell ein Opfer. Die Eltern, die Partner, das Leben im Allgemeinen waren selten besonders gut zu ihm oder ihr. Die betroffene Person trifft dabei keine Schuld, aber aus diesen Beobachtungen und Erfahrungen entstand in ihr das Gefühl von Machtlosigkeit. Dieses innere Gefühlskino zieht Menschen an, die aus ganz persönlichen Gründen solche Gefühle attraktiv finden:

1. *Täter...*

... weil sie leichte Beute spüren. Täter sind tendenziell faul. Sie gehen den leichtesten Weg und das schwächste Opfer wird ihr Spielball. Jeder, der einmal Opfer war und in seine Stärke gefunden hat - zum Beispiel durch eine energische Aussprache - weiß, dass der Täter beginnt, sich nach leichterer Beute umzusehen.

2. *Andere Opfer...*

... weil sie sich verstanden und geborgen fühlen. Wir alle suchen nach Liebe und sich verstanden zu fühlen, vermittelt uns das Gefühl von Nähe.

3. *»Krankenschwestern« und Tröster...*

... und zwar solche, die sich besser fühlen, wenn sie sehen, wie schlecht es dem Opfer geht. »Krankenschwestern« leben davon, dass es anderen nicht gut geht, sonst hätten sie keine Arbeit. Ja, einige meinen es wirklich gut, aber in anderen kommt ein Gefühl von Überlegenheit oder sogar Glücksgefühle auf: »Wenn ich sehe, wie es xy geht, bin ich richtig glücklich, dass ich so wenig Probleme habe.«

Keiner dieser angezogenen Menschen kann einem Opfer wirklich dabei helfen, aus seiner Rolle herauszukommen. Doch in dem Augenblick, in dem ein Mensch erkennt, was die Anziehungsursache im eigenen Magneten ist, wird er zu einem Beobachter. Und wenn er oder sie weiß, wie man der Ursache ihre Kraft nimmt, wird das Opfer zum kraftvollen Entscheider. Liebe zu sich selbst und zum eigenen Leben ist der Schlüssel für diese Veränderung.

Selbstliebe

Als ich mich wirklich selbst zu lieben begann, konnte ich erkennen,
dass emotionaler Schmerz und Leid nur Warnung für mich sind,
nicht gegen meine eigene Wahrheit zu leben.
Heute weiß ich, das nennt man
AUTHENTISCH-SEIN.

Als ich mich wirklich selbst zu lieben begann, habe ich verstanden,
wie sehr es jemanden beschämt, ihm meine Wünsche aufzuzwingen,
obwohl ich wusste, dass weder die Zeit reif, noch der Mensch dazu
bereit war, auch wenn ich selbst dieser Mensch war.
Heute weiß ich, das nennt man
SELBSTACHTUNG.

Als ich mich wirklich selbst zu lieben begann, habe ich aufgehört,
mich nach einem anderen Leben zu sehnen, und konnte sehen,
dass alles um mich herum eine Aufforderung zum Wachsen war.
Heute weiß ich, dass nennt man
REIFE.

Als ich mich wirklich selbst zu lieben begann, habe ich verstanden,
dass ich immer und bei jeder Gelegenheit
zur richtigen Zeit am richtigen Ort bin und dass alles,
was geschieht, richtig ist.
Von da konnte ich ruhig sein. Heute weiß ich, das nennt sich
SELBSTACHTUNG.

Als ich mich wirklich selbst zu lieben begann, habe ich aufgehört,
mich meiner freien Zeit zu berauben, und ich habe aufgehört,
weiter grandiose Projekte für die Zukunft zu entwerfen.
Heute mache ich nur das, was mir Spaß und Freude bereitet,
was ich liebe und mein Herz zum Lachen bringt,
auf meine eigene Art und Weise und in meinem Tempo.
Heute weiß ich, das nennt man
EHRLICHKEIT.

Als ich mich wirklich selbst zu lieben begann, habe ich mich von
allem befreit, was nicht gesund für mich war.
Von Speisen, Menschen, Dingen, Situationen und von allem,
was mich immer wieder hinunterzog, weg von mir selbst.
Anfangs nannte ich das »gesunden Egoismus«.
Aber heute weiß ich, das ist
SELBSTLIEBE.

Als ich mich wirklich selbst zu lieben begann, habe ich aufgehört,
immer recht haben zu wollen. So habe ich mich weniger geirrt.
Heute habe ich erkannt, das nennt man
EINFACH-SEIN.

Als ich mich wirklich selbst zu lieben begann,
habe ich mich geweigert, weiter in der Vergangenheit zu leben
und mich um meine Zukunft zu sorgen.
Jetzt lebe ich nur mehr in diesem Augenblick,
wo ALLES stattfindet. So lebe ich heute jeden Tag und nenne es
VOLLKOMMENHEIT.

Als ich mich wirklich selbst zu lieben begann, da erkannte ich,
dass mich mein Denken armselig und krank machen kann.
Als ich jedoch meine Herzenskräfte anforderte,
bekam der Verstand einen wichtigen Partner.
Diese Verbindung nenne ich heute
HERZENSWEISHEIT.

Wir brauchen uns nicht weiter vor Auseinandersetzungen,
Konflikten und Problemen mit uns selbst und anderen fürchten,
denn sogar Sterne knallen manchmal aufeinander
und es entstehen neue Welten.
Heute weiß ich,
DAS IST DAS LEBEN!

Charles Chaplin

Regisseur, Schauspieler, Komiker und Komponist

an seinem 70. Geburtstag am 16. April 1959

* 16. 04. 1889 · London † 25. 12. 1977 · Vevey, Schweiz

Die Falle beim Versuch der Selbstliebe

Die Aufforderung »Liebe dich selbst!« ist eine wundervolle Wahrheit. Wenn es für Sie funktioniert, behalten Sie diesen wertvollen Satz in Ihrem Herzen und spüren Sie seine erfüllende Wirkung.

Wenn Sie damit Probleme haben, könnte es sein, dass Sie gerade in der »Selbstliebe-Falle« sitzen: So sehr man es auch versucht, das Gefühl entgleitet einem immer wieder, manchmal so lange, bis man kaum noch daran glaubt. Es wirkt fast so, als würde es umso schwerer, je mehr man es will. Selbstliebe scheint ein Thema zu sein, um das man sein Leben lang immer wieder ringen darf. So schön viele Rezepte auch klingen, die einem verraten, man sollte mehr von diesem und weniger von jenem tun oder lassen – letztlich bleibt das Gefühl, dass es nicht wirklich so gelingt, wie es sein sollte.

Warum funktioniert die Vorstellung, sich selbst zu lieben, oft nicht? Weil »Liebe dich selbst!« genau genommen unmöglich ist. Es ist eine Falle.

◇ »Liebe dich selbst!« ist eine Aufforderung, etwas zu tun. Aber für Liebe kann man nichts tun. Es ist unmöglich, sich selbst zu lieben, wenn es nicht ohnehin bereits geschieht. Es wäre so, als würde Ihnen jemand sagen: »Liebe diesen Menschen dort drüben.« Es geht nicht, nur weil man es will.

◇ »Liebe dich selbst!« ist eine Anweisung an den Verstand. Aber der Verstand kann nicht lieben, schon gar nicht sich selbst. Liebe ist ein innerer Zustand, jenseits des Denkens, so wie Frieden. Wenn man es als Körpergefühl zuordnen wollte, fühlte man Liebe am ehesten in der Herzregion.

- »Liebe dich selbst!« erzählt die Geschichte, dass man jetzt gerade nicht in Ordnung wäre, weil man sich offenbar zu wenig selbst liebt. Aber wenn man sich nicht in Ordnung fühlt, blockiert genau dies das Gefühl von Liebe.

- Wenn »Liebe dich selbst!« nicht gelingt, führt es zum Gegenteil. Unzulänglichkeitsgefühle, Selbstablehnung, Zweifel werden noch größer. »Ich schaffe es einfach nicht, mich selbst zu lieben«, ist der Gedanke, der immer wieder auftaucht.

Es gibt eine Lösung: Bauen Sie es um! Nehmen Sie sich einen Moment Zeit und fühlen Sie: Wie wäre es – nur als Spiel –, wenn Sie sich selbst gar nicht lieben müssten? Nur mal angenommen ... Spüren Sie jetzt hinein: Wie würde sich das anfühlen?

»Wenn ich mich selbst gar nicht lieben müsste ...« Warten Sie einen Moment und fühlen Sie ...

Spüren Sie etwas?

In dem Augenblick, in dem Sie aufhören, sich selbst lieben zu wollen, und einfach nur sehen, wie Sie als Mensch Ihr Bestes geben, wie Sie all Ihre schönen und unschönen Gefühle spüren, Ihre Stärken und Schwächen, Ihre Erfolge und Ihr Nichtgelingen ... Wenn Sie erkennen, dass genau dies bedeutet, ein Mensch zu sein ... Dann werden Sie Liebe zu Ihrem Leben spüren und es als Geschenk erkennen. Je mehr diese Art von Liebe – ohne sie zu wollen – das Feld Ihres Magneten bestimmt, desto mehr werden Sie Ihr Leben wie eine Aneinanderreihung von Wundern und Geschenken erleben.

Wenn Sie aufhören, die Geschichte zu glauben, dass Sie sich selbst lieben müssten, machen Sie sich ein großes Geschenk: Sie werden frei, um zu spüren, dass Sie es bereits tun.

Die Wirkung von »Liebe dein Leben« auf Ihren Magneten

Wenn es Ihnen bisher nicht einfach gefallen ist, »sich selbst« zu lieben, versuchen Sie es einmal mit der Vorstellung, »Ihr Leben« zu lieben.

◆ Wenn Sie Ihr eigenes Leben über alles lieben, werden Sie nichts mehr tun, womit Sie sich selbst verletzen. Sie werden sich nicht mehr von anderen verletzen lassen, aus welchen Gründen auch immer. Andere werden weiterhin sagen, was sie sagen, aber Sie werden nicht dagegen kämpfen, denn immer wenn Sie kämpfen, spüren Sie, wie Sie sich in einem Kampf verlieren, der nicht der Ihre ist. Sie werden hören, was gesagt wird, und sehen, was getan wird. Und Sie werden verstehen, warum Menschen so sind, weil Sie das Geheimnis des Herzmagneten immer mehr verstehen und erspüren. Und dann werden Sie selbst sagen, was Sie zu sagen haben, und Sie werden handeln, allerdings nicht im Kampf gegen jemanden oder gegen etwas, sondern aus Liebe zu sich selbst.

◆ Sie werden weniger verurteilen, weil Sie spüren, dass dies Ihnen selbst nicht guttut. Je mehr Sie diese Art von Liebe in sich spüren, desto weniger strahlt Ihr Magnet aus, was für Täter, Kämpfer und Machthaber interessant wäre. Sie bieten immer weniger Angriffsfläche.

◆ Wenn Sie Ihr Leben als Geschenk sehen und lieben, wird Ihr Magnet dies ausstrahlen. Menschen, die bislang krank oder kraftlos von Ihnen abhängig waren oder viel gefordert haben, werden spüren, dass Sie nichts mehr tun, um sich selbst zu verletzten. Weil es ein ausgesprochen angenehmes Gefühl ist, mit jemandem Zeit zu verbringen, der sich selbst nicht verletzt und sein Leben über alles liebt, werden sich die Menschen in Ihrer Nähe daran erinnern, dass sie dies auch für sich tun könnten.

Liebe ist Verstehen.
Je mehr Sie verstehen – sich selbst und andere –,
umso mehr können Sie annehmen,
ohne zu verändern.
Und umso mehr werden Sie Liebe spüren.

◆ Jemand, der Sie und andere verurteilt, ist krank. Jemand, der die Welt verantwortlich macht, ist krank. Jemand, der will, dass Sie anders sind, als Sie sind, ist krank. Und zwar deshalb, weil er sich mit jedem Gedanken selbst Schmerzen zufügt, und kein gesundes Wesen tut dies freiwillig. Wenn Sie verstehen, warum Menschen dies tun - weil in deren Magneten Kräfte wirken, die sie zu solchen Reaktionen zwingen -, werden Sie aufhören, diese Krankheit zu unterstützen. Sie reagieren weniger und tragen so dazu bei, dass diese Krankheit sich nicht weiter verbreitet.

„Willst du geliebt werden, so liebe!"

Lucius Annaeus Seneca

römischer Philosoph, Dramatiker, Naturforscher und Staatsmann

* 4 v. Chr. - Cordoba   † 65 n. Chr. - Rom

Drei einfache Übungen für mehr Liebe zum eigenen Leben

»Wer mich in seinem Leben hat, hat es gut. Warum?«
Je mehr Antworten Sie auf diese Frage gefunden haben, desto mehr können Sie Liebe zu sich selbst zulassen. Wichtig: Liebe bedeutet nicht, etwas »zu tun«. Es geht darum zu erkennen, wer und was Sie »sind« und wie wertvoll jede Ihrer wundervollen Eigenschaften ist. Je mehr Sie spüren, wie wertvoll Sie sind, umso mehr werden andere es ebenfalls spüren. Finden Sie Ihre liebenswerten Eigenschaften heraus und beginnen Sie jeden Satz mit: »Ich bin...«

»Ist es liebevoll mir selbst gegenüber...?«

Wenn Sie sich nicht gut fühlen, ganz gleich aus welchem Grund, kommt oft ein diffuses Gefühl auf, irgendetwas tun zu müssen oder verändern zu wollen. Gleichzeitig fühlt man sich aber nicht gut dabei, »irgendwie« zu reagieren und »irgendetwas« zu tun. Vielleicht wäre das Gefühl, das Sie gerne hätten, eher Frieden und Ruhe?

Fragen Sie sich in schwierigen Situationen: »Ist es liebevoll mir selbst gegenüber, jetzt dies oder das zu tun? Was wäre jetzt liebevoll mir selbst gegenüber?«

Prüfen Sie jeden Gedanken, der Ihnen gerade in den Sinn kommt, mit dieser Frage und spüren Sie, was dabei in Ihnen geschieht.

Erwarten Sie Wunder und ein Geschenk!

Die folgende sehr wirksame Übung programmiert Ihren Magneten auf »Liebe zum eigenen Leben«:

Blicken Sie abends vor dem Einschlafen auf Ihren Tag zurück und fragen sich: Was war das Geschenk dieses Tages? Was war das Wunder dieses Tages? Sie werden immer ein Wunder und ein Geschenk finden, weil es Ihre Sache ist, dies zu definieren. Sie müssen sich niemandem erklären.

Und morgens vor dem Aufstehen erinnern Sie sich: Was waren gestern das Wunder und das Geschenk? Wenn Sie möchten, bedanken Sie sich.

Mit diesem Gefühl der Dankbarkeit und Neugierde auf das nächste Wunder und Geschenk beginnen Sie Ihren neuen Tag.

Beobachten Sie, wie sich Ihr Tag, die Menschen und Ereignisse verändern, wenn Sie diese Übung eine Weile machen.

Übrigens: Zwingen Sie sich niemals dazu, eine Übung zu machen, das ist Zeitverschwendung. Machen Sie nur das, was in Ihnen Neugier und Freude auslöst. Das Gefühl von Freude ist unser wichtigster Wegweiser im Leben, unser wertvollster persönlicher Berater. Was Freude macht, ist richtig. Es geht immer darum, sich aus einer Vielzahl an Puzzleteilen des Lebens genau die herauszusuchen, die das eigene Bild komplett machen. Es ist ein Spiel. Spielen Sie!

Liebe zum eigenen Leben ist zu Beginn
eine Entscheidung, es zu riskieren,
was immer auch dadurch geschehen mag.
Danach ist es ein Wunder.

Was sich ändern wird, je mehr Sie Ihr Leben lieben

- ◆ Viele Konflikte werden verschwinden oder sich einfacher lösen, weil Sie keine Liebe, Anerkennung oder Wertschätzung mehr einfordern oder eintauschen müssen.
- ◆ Sie ziehen immer mehr Menschen an, die sich in Ihrer Ausstrahlung wohlfühlen.
- ◆ Sie halten Menschen fern, die es nicht ertragen können, dass Sie innerlich unabhängig und frei sind.
- ◆ Sie machen anderen weniger Vorwürfe, weil Sie sich selbst weniger Vorwürfe machen.
- ◆ Sie strahlen Vertrauen aus, weil Sie sich selbst vertrauen. Andere werden ihr Verhalten Ihnen gegenüber positiv ändern.
- ◆ Sie verringern die automatischen Aktionen und Gegenreaktionen unter den Menschen, die mit Ihnen zu tun haben.

◆ Sie können, aber Sie müssen nicht mehr auf andere reagieren.

◆ Sie werden nicht mehr »lieb sein« und »gut sein« wollen, um gemocht zu werden. Und sie werden dennoch gute Dinge aus Liebe heraus tun.

◆ Sie werden weniger nach Belohnungen und Anerkennung jagen.

◆ Sie werden sich nicht mehr benutzen lassen.

◆ Sie sind deutlich weniger verletzbar.

◆ Sie können geben, ohne zu erwarten.

◆ Sie können auch gar nichts tun, ohne ein schlechtes Gewissen dabei zu haben.

◆ Sie können zulassen, sich berührt zu fühlen, weil Sie wissen, dass dies Sie nicht dazu verpflichtet, etwas zu tun.

◆ In vielen Fällen verschwinden Allergien, psychosomatische Krankheiten und körperliche Beschwerden oder werden geringer. Und das, was bleibt, erzeugt weniger innere Ablehnung.

◆ Sie tun Dinge, die Sie erfüllen, und erleben dafür auch noch Rückfluss.

◆ Menschen, die sich bisher um Sie Sorgen machten, haben eine Sorge weniger.

◆ Menschen, die bisher von Ihnen abhängig waren, werden frei, weil Sie die gegenseitige Abhängigkeit durch Ihre Selbstliebe auflösen. Das bedeutet nicht, dass Sie den anderen verlassen. Wahrscheinlich sind Sie ihm/ihr noch näher als jemals zuvor, weil Sie fühlen, dass Sie es nicht müssen. Und wenn Sie fühlen, dass es richtig ist zu gehen, gehen Sie. In diesem Fall ist es auch richtig für den anderen.

◆ Menschen, die die Liebe zu sich selbst verloren hatten, entdecken diese vielleicht wieder, weil die Ausstrahlung von Liebe in Ihrem

Magneten sich auf Menschen in Ihrer Nähe überträgt (Spiegelneuronen). Durch das Resonanzgesetz bringt Ihre Liebe die Liebe in anderen nach oben. Und falls jemand dazu noch nicht bereit ist, erzeugt Ihr Feld von Selbstliebe eine Art Schutzmantel um Sie herum.

Und das alles, ohne einen Plan und ohne Mühe! Die Liebe zu Ihrem eigenen Leben ist das größte Geschenk, das Sie sich und anderen machen können. Eine Menge positiver Gründe also, sich selbst an erste Stelle zu stellen. Es braucht nur eine Entscheidung von Ihnen: dass Sie erleben möchten, was geschieht, wenn Sie das Experiment wagen.

Liebe ... häufig falsch verstanden

◆ Wo im Universum steht geschrieben, dass Liebe bedeutet, das Verhalten anderer zu erdulden und zu leiden?

Ja, Liebe bedeutet, den anderen zu lassen, wie er ist, aber es bedeutet ebenso, das Geschenk des eigenen Lebens so sehr zu schätzen, dass man sich nicht selbst verleugnet.

◆ Wo steht geschrieben, dass man niemanden verletzen darf durch die Entscheidungen, die man für sich selbst trifft?

Wenn man unter einer Situation leidet, ist es ein Zeichen von Liebe, sich zu bewegen und das Leiden zu beenden. Es ist kein Zeichen von Liebe, sich zu quälen, und es wird auch nicht belohnt, selbst wenn es Generationen von Müttern und Vätern ihren Kindern erzählt haben. Sich für sich selbst und das eigene Lebensglück zu entscheiden ist nicht verantwortungslos.

◆ Wo steht geschrieben, dass Liebe bedeuten würde, die Verantwortung für das Glück und die Zufriedenheit eines anderen Menschen zu übernehmen?

In dem Moment, in dem Sie glauben, das Glück eines anderen Menschen zu verantworten, verlassen Sie die Liebe zu Ihrem eigenen Leben. Es kann sein, dass ein anderer Mensch Glück empfindet, wenn Sie bei ihm sind. Aber es gibt viele Quellen von Glück und wenn Sie morgen nicht mehr auf dieser Welt wären, würde sein Leben auch weitergehen.

◆ Ist es wahr, dass Liebe bedeutet, keine Forderungen zu haben?

Dies ist einer der größten Konflikte um das Verständnis von Liebe. Ja, Liebe selbst fordert nichts. Und Mensch zu sein bedeutet, Bedürfnisse, Wünsche und Sehnsüchte zu haben. Wenn Sie den Menschen lieben, der Sie selbst sind, werden Sie ihm erlauben, seine Erfüllung zu finden.

Ein kleiner Exkurs: Ohne Schuld wird alles leichter

Es gibt ein Wort, das mächtigen Einfluss auf Sie und Ihren Magneten hat: Schuld! Wenn Sie sich »schuldig« fühlen, ganz gleich, ob sich selbst oder anderen gegenüber, machen Sie sich zu einem Opfer. Sie werden abhängig von Vergebung, von Wiedergutmachung, von der Meinung anderer Menschen. Diese Gefühle strahlt Ihr Magnet nach außen und zieht Menschen an, die mit Ihnen das Schuld-Opfer-Spiel spielen wollen.

In einer Grundschule machten Lehrer ein Experiment. Sie erklärten den Kindern, dass sie heute ein besonderes Spiel spielen würden, bei dem es darum ging, ein unschönes Wort aus dem Kopf zu werfen: »Schuld«. Das Experiment war wie ein Spiel aufbereitet und die Kinder machten begeistert mit. Eine Mutter berichtete danach Folgendes: »Als meine Tochter Lisa nach Hause kam, fragte ich, wie üblich, was sie heute in der Schule gemacht hätten. Sie antwortete: Wir haben ein unschönes Wort aus dem Kopf geworfen. Ich fragte, um welches Wort es sich handelte. Lisa dachte einen Moment nach, sah mich grinsend an und sagte: Habe ich vergessen.«

Es gibt keine Schuld im Universum. Es gibt nur Ursache und Wirkung. Etwas geschieht und dies bewirkt, dass etwas anderes geschieht. Jemand tut etwas, eine Auswirkung entsteht und ein anderer reagiert.

Schuld ist ein Gefühl und keine Tatsache. Sie ist eine Erfindung von Menschen, um schneller be- oder verurteilen zu können, um Regeln im Zusammenleben aufzustellen, und ganz besonders, um Macht über andere zu gewinnen.

Wie alles, kann man auch diese Idee der »Schuldlosigkeit« leicht falsch verstehen. Natürlich tun Menschen Dinge, die sich unschön auf andere Menschen auswirken. Es geht nicht darum, dies zu beschönigen oder sich eine Rechtfertigung für unethisches oder rücksichtsloses Verhalten zu erfinden. Es geht nur darum, einem Wort in Ihrem Kopf, welches über Jahrhunderte mit großem Ballast versehen wurde, die negative Wirkung auf Ihren Magneten zu nehmen.

Am leichtesten und wirkungsvollsten geht dies, wenn Sie es wie die Kinder in dem Spiel machen. Tun Sie so, als würde das Wort Schuld nicht existieren. Ersetzen Sie es durch das Wort »Ursache«. Ansonsten müssen Sie nichts verändern. Es ist nur ein winziger Schritt in Ihrem Denken, aber er hat eine große Auswirkung auf Ihr Leben. Spüren Sie in sich hinein, was sich für Sie freier und leichter anfühlt:

»Mein Vater ist schuld, weil er immer ... getan hat.«

oder: »Mein Vater tat oft dies und manchmal tat er das. Ich beobachtete es und entwickelte die Überzeugung, es sei nicht gut. Diese Überzeugung ist jetzt als Ursache in meinem Magneten gelandet und zieht folgende Art von Menschen in mein Leben: ...«

Eine auf diese Weise neu gesehene Geschichte über einen Vorfall, bei dem Sie etwas ausgelöst haben, könnte beispielsweise so aussehen:

»Ich tat oder sagte etwas, das auf einen anderen Menschen eine Auswirkung hatte, die ihm nicht guttat. Das war nicht meine Absicht. Ich sage

das dieser Person und eventuell tue ich etwas, um es auszugleichen.«
Ob diese Person dies annimmt oder nicht und was sie mit Ihrem
Angebot macht, liegt nicht mehr in Ihren Händen. Tun Sie, was Sie
als angemessen fühlen. Sie können den Ausgleich nur anbieten, ob
der andere es annimmt, ist nicht Ihre Sache.

Ja, Ihnen darf etwas leidtun. Ja, Sie lernen daraus. Ja, Sie können
etwas wieder gut machen, wenn es sich richtig anfühlt. Ja, Sie dürfen
dem anderen sagen, dass Sie bedauern, was Sie gesagt oder getan
haben. Aber damit ist Ihr Teil erledigt. Sie sind frei. Wenn der andere
sich selbst den Schmerz zufügen möchte, Sie weiterhin zu verurteilen, ist es seine Entscheidung, nicht Ihre. Es ist nicht Ihre Aufgabe,
einen anderen zur Vergebung zu bewegen. Vergebung ist die freie
und ganz persönliche Entscheidung jedes einzelnen Menschen.

Schuld ist ein Gefühl und keine Tatsache.
Ein Opfer denkt an Schuld und fühlt eine Last.
Ein Gestalter denkt an Ursache und Wirkung
und fühlt seinen Weg.

◆ Schuld-Gedanken kosten Kraft, erzeugen ein Abhängigkeitsge-
fühl (von der Gunst des anderen) und wirken auf die eigene Stimmung bedrückend.

◆ Ursache-Gedanken leiten die Kraft in Veränderung, bewirken Erkenntnis und Wachstum und erzeugen eine positive Grundhaltung zu sich selbst.

Selbstliebe: Grund & Sinn

Grund

◆ Ein guter Grund für die Liebe zum eigenen Leben ist das Wissen, dass Sie damit die stärkste Kraft für ein erfüllendes Leben in Ihrem Herzmagneten aktivieren.

◆ Durch die Aufforderung »Liebe dich selbst« entsteht oft ein Druck, der Liebe zum eigenen Leben erst wirklich schwer macht. Der Grund liegt darin, dass Liebe weder eine Tätigkeit ist, noch als Ziel durch Handeln erreicht werden kann. Es ist unmöglich, dass der denkende Teil von Ihnen sich selbst liebt, denn der Verstand kann nicht lieben.

Sinn

◆ Der Sinn der Selbstliebe oder »Liebe zum eigenen Leben« ist es, zu erkennen, dass Sie das, was Sie wirklich suchen, bereits in sich tragen und um sich haben. Dies zu spüren, schält die Schichten aus Ängsten und anderen Gefühlen ab und macht Liebe zur stärksten Kraft in Ihrem Magneten.

◆ Sich selbst und das eigene Leben zu lieben ist kein Ziel, das Sie erreichen müssen. Es ist ein Weg, auf dem Sie dem Verständnis über sich selbst und andere immer näher kommen.

Erlebtes Wissen zum siebten Geheimnis

◆ Beobachten Sie Ihr eigenes Leben. In welchen Zeiten waren Sie am glücklichsten? Gab es dabei auch Momente, in denen Sie allein waren? Ist eine andere Person wirklich notwendig und Voraussetzung, damit Sie Liebe zu Ihrem Leben empfinden können?

◆ Beobachten Sie, wie Menschen auf Sie reagieren, wenn Sie sich glücklich fühlen. Das ist die Wirkung Ihres Herzmagneten! Erleben Sie bewusst, wie Ihre Welt sich verändert, wenn Sie Liebe hineinfließen lassen.

◆ Beobachten Sie Menschen, die Ihnen erzählen, Sie sollten sich mehr selbst lieben. Lieben diese Menschen sich selbst? Beobachten Sie Menschen, deren Leben im Fluss ist: Machen diese sich Gedanken über Selbstliebe oder erzählen sie häufig davon?

◆ Beobachten Sie Freunde und Bekannte, die in Partnerschaften leben: Leben diese – nach der ersten Phase der Verliebtheit – tatsächlich wesentlich glücklicher und erfüllter als zuvor? Ist Partnerschaft eine Garantie für Erfüllung und Glück?

Wie Sie Ihren Magneten neu ausrichten

◆ Welche Gedanken und Erfahrungen hindern Sie daran, Liebe zu sich selbst oder zu Ihrem eigenen Leben zu spüren? Belassen Sie diese Gedanken nicht in Ihrem Kopf, sonst wirken Sie unbeaufsichtigt auf Ihren Magneten. Schreiben Sie sie auf. Diese Gedanken leben davon, ungesehen und ungeprüft zu wirken. Wenn Sie alles aufgeschrieben haben, prüfen Sie für sich jede einzelne Aussage auf Stimmigkeit und Wahrheit. Und finden Sie für jede Aussage ein bis drei Beispiele, die auch das Gegenteil belegen.

◆ Sorgen Sie dafür, dass Ihr Gefühlskonto möglichst überall ausgeglichen ist. Sollten Sie sich gegenüber einem Menschen »schuldig« fühlen, erkennen Sie, dass es nur Ungleichgewichte gibt, keine Schuld. Lassen Sie sich etwas einfallen, das sich für Sie persönlich richtig anfühlt, um es auszugleichen. Und dann tun Sie es. Damit ist es für Sie erledigt. Falls der Mensch verstorben oder nicht verfügbar ist, tun Sie ersatzweise etwas Ausgleichendes an einem anderen Menschen. Und wenn Sie dies getan haben, spüren Sie, wie der Fall damit abgeschlossen ist und wie Sie innerlich frei werden.

◆ Finden Sie heraus, warum Sie ein liebenswerter Mensch sind, und zwar unabhängig von dem, was Sie für andere als Leistung erbringen. Nicht: Was tue ich? Sondern: Wie bin ich?

Das achte Geheimnis

„Ihr Magnet zieht etwas umso stärker an, je intensiver Sie den leeren Raum in sich spüren, in den es hineingehört."

Der Innere Raum

Ihr Magnet zieht Menschen und Ereignisse umso stärker an, je intensiver Sie sich Ihr Ziel vorstellen können. Doch nicht jeder hat ein solch kreatives Vorstellungsvermögen und zudem erfordert es Disziplin und - nachdem die erste Begeisterung abgeklungen ist - einiges an Beharrlichkeit.

Das Geheimnis des Inneren Raums ist eine mindestens ebenso starke Kraft wie die Vorstellung eines Ziels und das Gefühl, auf dem Weg zu sein. Wenn Sie mit dem Inneren Raum arbeiten, müssen Sie diese Kraft nicht aktiv erzeugen, denn Sie nutzen die Energie eines bereits vorhandenen Gefühls - das Gefühl, dass Ihnen etwas fehlt - und verwandeln sie in eine positive magnetische Anziehung.

Wie Sie den Inneren Raum in sich entdecken

Immer wenn Sie spüren, dass Sie sich etwas ersehnen, haben Sie es ohnehin vor Ihrem inneren Auge. Statt sich vorzustellen, dass Sie es bereits haben - was eben vielen auf Dauer nicht wirklich gelingt - lenken Sie diese Vorstellung weiter, zu genau dem Platz in Ihnen, an dem es sein wird, wenn es tatsächlich kommt. Dieser Ort ist sozusagen die Quelle Ihrer Sehnsucht.

Der Innere Raum ist der Ort in Ihnen, der für das vorgesehen ist, was Sie ersehnen. Immer wenn Sie zulassen, ihn zu spüren, aktivieren Sie Ihren Magneten, genau das noch stärker anzuziehen.

Viele Menschen wollen sich nicht zu dieser Quelle begeben, weil Sie befürchten, dort Unerfülltheit und Leere zu spüren. Sie denken: »Ein leerer Raum in mir, mit einer so großen Sehnsucht ... wie trostlos, das will ich nicht spüren.«

Tatsache ist jedoch, dass dieser Raum, mit genau diesen Gefühlen, ein Teil von Ihnen ist. Er ist vorhanden und er wirkt, ganz gleich, ob Sie das wollen oder nicht. Sie haben nun zwei Möglichkeiten:

Sie denken weiterhin, dass in Ihnen dieser unschöne unerfüllte Raum ist, und vermeiden es, ihn anzusehen, zum Beispiel, indem Sie Ihre Sehnsuchtsgefühle unterdrücken. Sie könnten sich auch jedes Mal ablenken oder es mit positiven Vorstellungen versuchen. Dagegen ist nichts einzuwenden, solange Sie das Gefühl haben, Ihre Sehnsüchte in Ihr Leben zu ziehen. Falls nicht, werden Sie den leeren Inneren Raum als Mangel fühlen und damit weiteren Mangel zu dem betreffenden Thema anziehen.

Die zweite Möglichkeit ist es, die Quelle Ihrer Sehnsucht nicht als Mangel zu sehen, sondern als Vorbereitung für das, was sowieso zu Ihnen kommt und genau in Ihren Raum passt.

Was Sie erleben werden, wenn Sie Ihren Inneren Raum finden

Wenn Sie in sich nach der Quelle Ihrer Sehnsucht suchen, wird das Bild darüber, wie der Raum aussieht, von ganz allein entstehen. Vielleicht werden Sie ihn auch nicht bildhaft sehen, sondern nur spüren. Alles ist in Ordnung, denn es ist Ihre ganz persönliche innere Erfahrung.

Es mag sein, dass Sie darin alle Arten von Gefühlen finden. Die unschöneren davon sind der Grund, warum Ihre Sehnsucht bislang nicht angezogen wurde. Gleichzeitig wird wahrscheinlich etwas Unerwartetes geschehen: Sie werden erleben, dass es schön ist zu se-hen, was bisher Ihre Sehnsüchte verhinderte. Es ist eines der schönsten Erlebnisse überhaupt, denn es ist die Wahrheit. Sie sehen in sich selbst Wahrheit. Sie erkennen endlich, was bisher Ihren Magneten darauf programmiert hat, Ihr Lebensglück zu verhindern, und das ist so wertvoll, dass wie von allein tiefe Dankbarkeit entsteht. Dazu kommt, dass jedes gespürte und wirklich verstandene Gefühl überflüssig wird und seinen Daseinssinn verliert. Es kann sich auflösen. Genau in diesem Moment entsteht eine große innere Heilung.

Es kann genauso gut sein, dass Sie in diesem Raum vor allem Freude finden. Eine Art Vorfreude auf das, was in Ihr Leben kommen wird.

So aktivieren Sie die Kraft des Inneren Raums

1. Schritt:

Sie möchten etwas haben, weil Sie spüren, dass Ihnen etwas fehlt. Das ist eine Grundkraft, die bereits ohne Ihr Zutun in Ihnen wirkt. Solange Sie nur spüren, dass etwas fehlt, empfinden Sie Mangel und dieses Gefühl in Ihrem Magneten löst aus, dass es Ihnen weiterhin fehlen wird. Energie geht in diesem Universum niemals verloren, auch nicht die Energie Ihrer Sehnsüchte. Wenn sich länger nichts verändert, entweder weil Sie es unterdrücken oder weil Ihr Handeln keinen Erfolg hat, findet die Kraft keinen Fluss nach außen und richtet sich im Inneren gegen Sie. Als Folge dieser »Machtlosigkeit« können Gefühle wie Unzufriedenheit, Rastlosigkeit, Traurigkeit, Wut, Resignation entstehen, die später auch zu inneren und äußeren Krankheiten führen können. Das ist keine »Fehlkonstruktion«, sondern soll uns dazu bewegen, etwas zu verändern, um dem individuellen Sinn unseres Daseins näher zu kommen.

Wenn Sie dies verstehen, werden Sie nicht mehr resigniert oder wütend sein, wenn Ihnen etwas fehlt, sondern spüren, dass Unzufriedenheit den Sinn hat, Bewegung zu erzeugen, und beginnen, sie zu nutzen.

2. Schritt:

Stellen Sie sich nun vor, es gäbe einen Raum in Ihnen, in den das hineingehört, was Ihnen fehlt. Dieser Raum ist völlig leer und wartet. Und diese Leere hat eine saugende Kraft, die genau das anzieht, was Ihnen fehlt. Der Raum kann wie ein richtiger Raum sein, es kann aber auch nur ein Gefühl von dunkler Leere mit großer Anziehungskraft sein, ähnlich einem Vakuum, das etwas zu Ihnen saugt. Verwenden Sie einfach, was zu Ihnen und Ihrer Art, sich Dinge vorzustellen, passt.

3. Schritt:

Immer wenn Gedanken und Gefühle darüber aufkommen, was Ihnen fehlt, erinnern Sie sich an Ihren Inneren Raum: Laden Sie das Fehlende ein, in diesen Raum zu kommen. Spüren Sie, wie der Raum es ansaugt, weil es genau dort hineingehört.

Spüren Sie die Erleichterung in sich, wenn Sie einen Sehnsuchtsgedanken mit der Vorstellung Ihres dazu vorhandenen Inneren Raums verbinden? Vielleicht spüren Sie, dass Ihnen jetzt eine Vorstellung, die zuvor Mangelgefühle ausgelöst hat, Freude bereitet. Immer wenn »etwas fehlt«, spüren Sie, dass es angesaugt wird. Mehr müssen Sie nicht tun, um Ihren Magneten neu auszurichten.

Conny und die vergebenen Männer

Seit über vier Jahren versuchte Conny intensiv, einen passenden Partner zu finden. Neben den üblichen Möglichkeiten, wie abends weggehen, Partys oder andere Veranstaltungen, suchte sie auch über eine große Partnerbörse im Internet. Conny ist eine attraktive Frau Ende zwanzig und warum sie unter den vielen Begegnungen noch keinen passenden Mann gefunden hatte, war ihr selbst ebenso schleierhaft wie ihren Freunden.

Immer wieder zog ihr Magnet Männer an, die ihr bereits beim ersten oder zweiten Treffen größte Liebe versicherten und Zukunftspläne schmiedeten. In vielen Fällen ließ Conny es geschehen und gab »der Beziehung eine Chance«, wie sie es nannte. Und jedes Mal endete es in großem Liebeskummer, manchmal schnell und manchmal nach wenigen Wochen oder Monaten. Die Gründe für das Scheitern waren nur scheinbar verschieden: Die Männer waren verheiratet, im Ausland oder weit weg lebend, mit Kindern und getrennter Frau überlastet, im Trennungsschmerz alter Beziehungen, in Arbeit erträmkt oder nur auf der Suche nach schnellen Abenteuern.

Conny litt darunter so sehr, dass es sich auf ihren Beruf und auf ihre körperliche Gesundheit auswirkte. Ganz gleich, welche Ratschläge Freundinnen und Freunde gaben, es änderte nichts an ihrem scheinbaren Beziehungspech. Was war das gemeinsame Merkmal? Was war der Auslöser in Connys Herzmagnet, der solche Situationen anzog?

So verschieden die Partner auch waren, es gab eine Gemeinsamkeit: Kein einziger von ihnen war »verfügbar«. Als Conny dies begriff, suchte sie in ihrem Magneten nach einer Überzeugung oder einem Gefühl, das »nicht verfügbare Männer« anzog. Sie wurde fündig, als sie mit der Unterstützung einer Freundin ihre eigenen Gefühle offen ansehen konnte und sich eingestand, dass sie selbst nicht wirklich verfügbar war. Zwar wünschte sie sich eine Beziehung, ähnlich wie in den romantischen Romanen, die sie gerne las, aber gleichzeitig hatte sie Angst vor einer Partnerschaft, in der sich beide zueinander bekannten und vielleicht sogar zusammen wohnen würden. Conny befürchtete, ihre Freiheit zu verlieren.

Zum ersten Mal gestand sie sich wirklich ein, dass sie keinen inneren Raum für eine dauerhafte Beziehung in sich spürte. Und sie bekannte sich dazu, das innere Prickeln immer neuer Abenteuer zu lieben und dass sie Bangen und Hoffen als Teil einer Beziehung ansah. Aufgrund der Bücher und Filme, die sie gerne las und ansah, war sie vollkommen überzeugt, dass das innere Drama der Beteiligten nicht nur normal, sondern ein Teil des Liebesbeweises füreinander war. Und genau so hatte sie es bisher in ihren Beziehungen erfahren. Den einzigen Mann in ihrem Leben, mit dem sie seit Jahren eine immer wieder aufflackernde Beziehung pflegte, die sich vertraut, körperlich erfüllend und gleichzeitig friedlich anfühlte, beurteilte sie als »zu langweilig«.

Seit dem Tag, als Conny sich dies im Gespräch mit ihrer Freundin eingestanden hatte, litt sie nicht mehr. Sie wusste jetzt, dass sie diese Art von Beziehungen bewusst erzeugte und jederzeit die Wahl hatte, alles zu ändern. Sie fühlte sich nicht mehr als Opfer und das gab ihr ihre Kraft und ihre Gesundheit zurück. Conny entschied sich, die Suche nach immer neuen Männern einzuschränken, und widmete sich mit ihrer gewonnenen Zeit den Freundschaften, die sie bereits hatte. Einer dieser Freude war der Mann, den sie seit Jahren als scheinbar zu langweilig eingestuft hatte. *Sie entdeckte, dass sie in ihm nicht nur einen Freund und eine Affäre, sondern einen wertvollen Partner haben konnte, und es begann die tiefste Beziehung, die sie bis dahin erlebt hatte.*

Ihr Innerer Raum für einen Lebenspartner

Stellen Sie sich vor, dass Sie in sich selbst und im Ablauf Ihres Lebens einen Raum hätten, der für den Menschen an Ihrer Seite vorgesehen ist. Stellen Sie ihn sich ruhig als richtigen Raum in Ihrem Haus des Lebens vor. Bisherige Partner haben ihn bewohnt.

Existiert er im Augenblick überhaupt? Ist er beständig oder kommt und geht er?

Betreten Sie den Partnerraum und sehen Sie sich um: Finden Sie schmerzhafte Erinnerungen? Wohnt noch immer jemand darin, auch wenn er nicht mehr da ist? Steht darin ein Altar mit Bildern von Verflossenen oder gibt es andere Reste einer Beziehung? Finden Sie Schilder an der Wand mit Erwartungen und Vorschriften für künftige Bewohner? Sind Sie bereit, einen neuen Bewohner alles darin ändern zu lassen? Dürfte er sich einrichten, wie er will?

Sind Sie tatsächlich frei?

Falls nicht, sollten Sie sich selbst zuliebe Platz schaffen. Wenn ein Mensch zu Ihnen kommen soll oder wenn jemand, zu dem Sie bereits eine Beziehung haben, sich bei Ihnen wohlfühlen soll, braucht er Raum, um neben Ihnen und mit Ihnen »sein zu können«. Sie sollten diesen Platz aktiv erschaffen und frei räumen. Wünschen allein ist zu wenig, es wäre wie »haben wollen«, ohne zu geben. Erst wenn Sie tatsächlich über einen freien Raum in Ihrem Leben verfügen, kann ein Gast kommen und sich dort wohlfühlen. Und der Mensch, den Sie ersehnen, ist vielleicht ein Gast, der für lange Zeit bleiben möchte.

Ihr Entschluss ist der Schlüssel

Sie senden das Gefühl aus, für einen Partner »frei« zu sein, wenn Sie einen Entschluss getroffen haben: den Entschluss, Ihr Leben zu verändern, wenn ein Mensch kommt, der seines mit Ihnen teilen wollte. Wenn Sie bereit sind, alles geschehen zu lassen, was durch die gegenseitige Liebe geschehen will, öffnen Sie ein Tor zum Himmel. Wenn Sie Ihr Leben oder große Teile davon »bewahren« wollen, so wie es ist, geben Sie Neuem weniger Raum und führen tendenziell Ihre Vergangenheit auch in der Zukunft fort.

Ihre Prioritäten erzeugen die Art Ihrer Beziehung

Angenommen, die Bedeutung von Partnerschaft steht bei Ihnen derzeit an fünfter Stelle, beispielsweise nach Beruf, Hobby, Sport und bestimmten Freunden. Die Wahrscheinlichkeit ist hoch, dass Sie potenzielle Partner anziehen, bei denen dies ebenso ist: Sie werden in deren Leben an ähnlicher Stelle stehen.

Vielleicht empfinden Sie im Laufe der Beziehung deutlich mehr als gedacht und die andere Person rutscht in Ihrem Leben an erste oder zweite Stelle. Natürlich hoffen oder fordern Sie dann irgendwann, dass sich Ihre Bedeutung für das Leben des Partners ebenfalls ändert. Falls dies nicht geschieht, haben Sie ein Problem.

Dieser Situation können Sie vorbeugen, indem Sie sich über die Bedeutung des Inneren Raums für eine Beziehung in Ihrem Leben jetzt klar werden.
Folgende Übung hilft Ihnen dabei: Schreiben Sie wahllos und ungeordnet alle Lebensbereiche und Wünsche auf, die für Sie wichtig sind. Anschließend erstellen Sie eine Reihenfolge der Bedeutung. Was steht an erster, zweier, dritter … Stelle? Oder, falls es Ihnen leichter fällt: Auf was würden Sie am leichtesten verzichten, am zweitleichtesten …
Möglicherweise wird Sie das Ergebnis erstaunen.

Jetzt, wo Sie sich um das Geheimnis des Inneren Raums bewusst sind, wird es Ihnen leichterfallen, die Situation der Menschen, mit denen Sie in Beziehung stehen, zu verstehen. Sie werden schneller erkennen, welches Potenzial in einer Begegnung steckt und wo Sie weitere Schranken öffnen können.

Der Innere Raum: Grund & Sinn

Grund

◆ Alles, was in Ihrem Leben geschieht, braucht einen Teil Ihrer Zeit und Ihrer Aufmerksamkeit. Es braucht einen inneren – und auch einen äußeren - Raum.

◆ Der Innere Raum ist das Gefühl, in Ihrem Leben wirklich Platz für etwas Ersehntes zu haben. Es ist das Gefühl, Ihr Leben verändern zu wollen, wenn das Neue käme. Es ist kein Gefühl von Mangel, sondern ein Gefühl von Fülle. Sie spüren bereits jetzt, was kommen wird, und haben den Raum dafür. Es ist eine Einladung für einen anderen Menschen, in Ihrem Leben Platz zu nehmen.

◆ Ob Sie selbst oder jemand anderes etwas wirklich will, erkennen Sie deutlich an dem Raum, den Sie oder die andere Person bereit ist, dafür frei zu machen.

Sinn

◆ Der Sinn des Inneren Raums hat mit Selbstliebe zu tun. Solange Sie an Vergangenem oder an Illusionen oder an Nebensächlichem festhalten, kann etwas Neues nicht wirklich Platz nehmen. Loslassen bedeutet Liebe zu Ihnen selbst, weil Sie sich und Ihrem Leben Freiheit geben, damit die Geschenke kommen können, die auf Sie warten.

Erlebtes Wissen zum achten Geheimnis

◆ Beobachten Sie: Wenn sich Menschen etwas sehr wünschen und lange nicht bekommen: Haben sie überhaupt die wirkliche Bereitschaft dafür? Sind diese Menschen tatsächlich flexibel? Wären sie bereit, dafür ihr Leben zu verändern? Oder haben sie eigentlich Angst davor, dass sich etwas Unangenehmes wiederholen oder neu ereignen könnte? Versuchen sie vielleicht sogar, durch ihren Mangelzustand Aufmerksamkeit zu erzeugen?

◆ Wenn etwas Ersehntes neu zu Ihnen kommen soll, müssen Sie etwas Altes innerlich und/oder äußerlich gehen lassen. Vielleicht ist es ein Glaube daran, dass das Beste bereits da war? Oder eine Idee, dass nur genau dies oder das perfekt wäre? Was ist es in Ihrem Leben? Lieben Sie sich selbst so sehr, dass Sie Raum für eine erfüllende Zukunft schaffen?

◆ Beobachten Sie Menschen, in deren Leben viel Positives und immer wieder Neues geschieht. Was haben diese gemeinsam? Wie reagieren sie auf überraschende Veränderungen, auf Abweichungen vom Plan? Wie leicht schaffen sie Raum, damit eine neue Chance sich entfalten kann? Halten sie an einmal getroffenen Entscheidungen und Meinungen fest oder ist ihre Meinung über »das Richtige« flexibel?

Wie Sie Ihren Magneten neu ausrichten

◆ Erschaffen Sie eine ganzheitliche Vision über das, was zu Ihnen gehört. Beschränken Sie sich nicht nur auf das Bild eines Partners, der sich so oder so verhält. Geben Sie Ihrer Sehnsucht wirklich Raum. Am besten eine »Art zu leben«. Setzen Sie keine konkreten Personen oder Figuren mit konkretem Aussehen in diesen inneren Film ein, sondern spüren Sie nur, wie Sie sich fühlen, wenn Sie den Filmausschnitt erleben.

◆ Das, was Sie sich ersehnen, gehört bereits zu Ihnen, wenn es eine tiefe echte Sehnsucht ist. Es befindet sich auf der Lebenslinie, auf der Sie dahingleiten. Erschaffen Sie in Ihrer Vorstellung einen Raum oder das Gefühl eines Vakuums, die genau das anziehen, was zu Ihnen gehört. Sie werden nicht bekommen, was Sie »haben wollen«. Sie werden das bekommen, von dem Sie spüren, dass es »zu Ihnen gehört« oder »bereits auf Sie zukommt«.

◆ Immer wenn Sie feststellen, dass Ihnen etwas fehlt, spüren Sie nicht die Abwesenheit des Fehlenden, sondern die Anwesenheit des dafür vorgesehenen Inneren Raums.

Das neunte Geheimnis

„Wenn Sie etwas erreichen
wollen, treffen Sie
Entscheidungen
und handeln Sie danach.
Entschlossenes Handeln
vervielfacht die Anziehungskraft
in Ihrem Magneten."

Entschluss und Handeln

Es gibt Situationen, in denen Sie zwar wissen, wohin Sie wollen, sich jedoch nicht sicher sind, was Sie tun sollen, um es zu erreichen. Oft handelt man dann aus Unsicherheit gar nicht.

Je mehr Sie die Kraft Ihres Magneten nutzen und dessen Wirkung erleben, desto klarer wird Ihnen werden, dass es unwichtig ist, ob genau dieses Handeln oder jener Weg letztlich zum Erfolg führen wird. Für die Anziehung in Ihrem Magneten ist es entscheidend, dass Sie handeln, sobald Sie spüren, was Sie wollen.

Durch Handeln machen Sie sich mit der Vorstellung vom dem, was Sie in Ihr Leben ziehen wollen, bemerkbar. Sie tragen Ihre Wünsche auf den Markt, damit Lieferanten auf Sie zukommen können.

Wenn Sie in sich ein spürbares Gefühl von Aktion zu Ihrem Wunsch erzeugen, beginnen Sie, Realität zu erschaffen.

Tun Sie das, was Sie erschaffen wollen!
Beginnen Sie, sich so zu verhalten, als wäre es Ihnen
bereits versprochen und Sie könnten beginnen,
es zu erleben. Das Universum liebt es zu spüren,
wie Sie handeln, und reagiert darauf.

*„Es ist nicht genug zu wissen,
man muss es auch anwenden.
Es ist nicht genug zu wollen,
man muss auch tun."*

Johann Wolfgang von Goethe

deutscher Dichter

* 28. 08. 1749 · Frankfurt am Main   † 22. 03. 1832 · Weimar

Auch wenn die Kraft Ihres Magneten bereits von selbst wirkt, setzt Ihr Handeln zusätzliche positive Kräfte zum gewählten Thema in Gang:

◆ Sie zeigen sich selbst und anderen, dass Sie eine Entscheidung getroffen haben (Klarheit).

◆ Sie zeigen sich selbst und anderen, dass Sie auf dem betreffenden Gebiet kein Opfer, sondern ein Gestalter Ihres Lebens sind (Kraft).

◆ Sie verleihen Ihrer eigenen Klarheit Glaubwürdigkeit. So können Sie immer mehr an sich selbst und Ihre Kraft glauben (Überzeugung).

◆ Durch Ihr Handeln öffnen Sie ganz praktisch Türen, durch die etwas auf Sie zukommen kann. Manchmal kommt durch eine solche Tür nicht Ihr Wunschziel, sondern ein Mensch, der Ihnen eine weitere Tür öffnet (Kanäle).

Unsicher? Handeln Sie dennoch!
Es ist einfach, auch aus einer unsicheren Position heraus zu handeln. Oft genügt es schon, die ersten Schritte zu gehen, die Sie auch tun würden, wenn das Neue ganz sicher käme. Damit aktivieren Sie in Ihrem Magneten Kräfte, über die Sie sich später oft nur wundern können.

◆ Wenn Sie eine neue Wohnung suchen, aber noch das Geld für die Mehrkosten fehlt, suchen Sie dennoch. Sehen Sie sich Anzeigen und Wohnungen an und fühlen Sie, wie es ist, eine neue Wohnung tatsächlich bald anzumieten.

◆ Wenn Sie einen Partner ersehnen, bleiben Sie nicht bei der Sehnsucht und der Vorstellung hängen, sonst spüren Sie irgendwann Mangel. Tun Sie etwas. Nutzen Sie Kontaktgelegenheiten und seien Sie sich gleichzeitig immer bewusst, dass keine Ihrer Bemühungen die Tür sein muss, durch die das Universum ausliefert.

◆ Wenn Sie eine neue Stelle suchen, stellen Sie sich vor, Sie könnten die Ausstrahlung Ihres Magneten - all das, was Sie wirklich sind - unsichtbar in die Bewerbung geben, ehe Sie sie absenden. Und dann stellen Sie sich vor, wie diese beim Empfänger wirkt und dafür sorgt, dass man Sie genau als das erkennt, was Sie sind.

◆ Wenn Sie ein Bewerbungsgespräch oder ein anderes wichtiges Treffen vor sich haben, stellen Sie sich am Abend zuvor vor, dass Ihr Herzmagnet in dem Raum, in dem das Gespräch stattfindet, zwischen Ihnen und dem Gesprächspartner auf dem Tisch liegt und wirkt. Sie kennen den Raum und den Partner nicht, aber das ist gleichgültig. Stellen Sie es sich einfach vor. Und am folgenden Tag betreten Sie den neuen Raum mit dem Wissen, dass Ihr Magnet dort schon seit gestern liegt und wirkt.

Wie Sie die Dynamik des Handelns aktivieren

1. Werden Sie ein »Entscheider«
Zuerst treffen Sie eine Entscheidung: Wollen Sie wirklich offen für Neues sein? Darf kommen, was kommen will? Wollen Sie das Abenteuer erleben, was in einem Bereich Ihres Lebens - oder im ganzen Leben - geschehen wird, wenn Sie damit aufhören, einfach nur Ihre Vergangenheit fortzusetzen? Oder wenn Sie aufhören, auf eine Art die Geschichte Ihrer Eltern zu wiederholen oder deren Gegenteil sein zu wollen?

Das ist ganz sicher ein Abenteuer, weil Sie nicht wissen können, was geschehen wird. Aber Sie können sicher sein, dass es neu sein wird, inspirierend und lebendig.

Wenn Sie die Antwort spontan fühlen - gut. Wenn Sie eher ein nachdenklicher Mensch sind - auch gut. Lassen Sie sich Zeit. Überlegen und vor allem »spüren« Sie gut. Die Antwort auf die Frage, ob Sie offen und verfügbar für wirklich Neues sein wollen, kommt nicht aus Ihrem Kopf. Sie kommt aus Ihrem Herzen. Sie ist grundlegend und sie verändert Ihr Leben.

Entscheiden Sie. Damit geben Sie Ihrem Leben Bewegung und Ihr Magnet wird aufgeladen mit Ihrem Wunsch nach Veränderung. Wenn Sie nicht entscheiden, wird über Sie entschieden.

Sie entscheiden ohnehin ständig. Selbst wenn Sie glauben, in einer bestimmten Situationen nichts zu entscheiden, entscheiden Sie dennoch etwas: Sie treffen die Wahl, untätig zu bleiben.

Haben Sie keine Angst vor »falschen« Entscheidungen. Es gibt sie nicht. Es gibt nur Entscheidungen und Ergebnisse und neue Entscheidungen und andere Ergebnisse.

2. Befreien Sie sich von alten Lasten

Wenn Sie sich entschieden haben, bringen Sie das Universum durch Ihr Handeln in Bewegung! Wie Sie inzwischen gesehen haben, kann die Vergangenheit eine deutliche Bremswirkung auf Ihren Magneten haben. Deshalb hier einige Vorschläge, die sich bewährt haben, um freier von der Vergangenheit zu werden. Spüren und probieren Sie selbst, was zu Ihnen passt.

◆ Schließen Sie die Vergangenheit von Beziehungen wirklich ab. Wichtig dabei ist: Tun Sie es auf eine Art, die in Ihnen selbst Liebe erzeugt. Abschließen bedeutet nicht immer, jeden Kontakt zu beenden. Es bedeutet, dass Sie in sich selbst einen Zustand erreichen, in dem kein Schmerz mehr entsteht. Möchten Sie noch etwas sagen, was immer ungesagt blieb? Tun Sie es. Schreiben Sie einen Brief oder eine E-Mail. Es ist egal, wie lange es zurückliegt. Es ist gleichgültig, ob und wie die andere Person darauf reagiert. Sie tun es für sich, nicht für den anderen.

◆ Spüren Sie, wie es sich anfühlt, sich von Bildern zu trennen, die Ihre Vergangenheit immer wieder aufleben lassen. Manche Menschen archivieren ihre Vergangenheit geradezu. Das ist weder gut noch schlecht, es kommt nur darauf an, welche Gefühle es in Ihnen erzeugt. Wenn Ihnen der Schritt zu groß erscheint, beginnen Sie mit einem Bild und spüren Sie, was in Ihnen geschieht, wenn Sie es weggeben.

◆ Betrachten Sie Ihre privaten Kontakte. Welche Beziehungen stehen und welche entwickeln sich? Wo kommt man zusammen, um hauptsächlich immer wieder die Vergangenheit zu pflegen, und mit wem entsteht ein Gefühl von Bewegung? Wo entsteht Neues? Vielleicht möchten Sie versuchen, wie es sich anfühlt, Ihre Zeit etwas anders zu verteilen?

◆ Suchen Sie Gelegenheiten, in denen Sie neue Sichtweisen über das Leben erfahren können. Wenn Sie stark begrenzte Freizeit haben, spüren Sie, wie es sich anfühlen würde, die Schwerpunkte etwas zu verlagern. Vielleicht von Unterhaltung und Ablenkung hin zu neuem Wissen über sich selbst und Ihr Leben. Vielleicht finden Sie hier zusätzliche Erfüllung und Sinn. Auf jeden Fall können Sie so neue Menschen kennenlernen.

3. Spüren Sie. Und danken Sie

Was immer Sie als großes Ziel ersehnen ... Sehen Sie sich um und entdecken Sie, dass es »im Kleinen« bereits vorhanden ist. Sie können es jetzt spüren und damit Ihren Magneten ausrichten. Geben Sie zu dem, was Sie spüren, das Gefühl von Dankbarkeit für das, was Sie bereits haben, und Ihr Magnet ändert sofort seine Wirkung.

Zeit spielt *doch* eine Rolle

Man hat herausgefunden, dass die Kraft einer Idee – selbst wenn sie in einer professionellen Runde kreativer Menschen entstanden ist – innerhalb von zwölf Tagen auf nur fünf Prozent sinkt, wenn keine Taten folgen. Nach zwei Wochen ist die Kraft praktisch komplett verschwunden. Intelligente Manager wissen darum und verwandeln die Kraft der Begeisterung sofort in konkrete Aktionen, um das Feuer am Brennen zu halten.

Sie können dieses Wissen ebenfalls nutzen, indem Sie nach einer guten Idee sofort mit dem Handeln beginnen. Ein erster Schritt wäre, dass Sie aufschreiben, was Sie gerade begeistert, und einen groben Plan festlegen, was Sie tun könnten.

„Was du mir sagst, das vergesse ich.
Was du mir zeigst, daran erinnere ich mich.
Was du mich tun lässt, das verstehe ich."

Konfuzius

Begründer des Konfuzianismus

* 551 v. Chr. - Qufu † 479 v. Chr. - Qufu

Ein Ausflug in die virtuelle Welt: Partnerbörsen als Handlungsort

Viele Menschen suchen über das Internet nach passenden Partnern. Das scheint ein guter Weg zu sein, denn es besteht eine große Auswahl und Kontakt ist einfach möglich. Gleichzeitig machen viele Benutzer die Erfahrung, dass es auch nach längerer Zeit nicht wirklich funktioniert. Wenn Sie das Wissen um die Kraft Ihres Herzmagneten einbringen, werden Sie die Gründe verstehen und können sich wirkungsvoller ausrichten.

Schwieriges Segeln im Meer der Suchenden

◆ Der größte Teil der Mitglieder in einer Partnerbörse »sucht«. Auch wenn es bei Ihnen selbst nicht das vorwiegende Gefühl ist, so begeben Sie sich emotional in eine große Gruppe von Menschen, deren Magnet Mangelgefühle, Enttäuschungen, Schmerzen, emotionale Verwirrtheit und ähnliche Gefühle ausstrahlt. Sofern Sie nicht über wirklich außerordentliche Fähigkeiten in emotionaler Stabilität und Abgrenzung verfügen, wird Ihr eigener Magnet darauf reagieren. Und falls Sie sich bewusst abgrenzen, können Sie nicht wirklich spüren. Ein Dilemma, das manche Mitglieder erkannt haben und deshalb bewusst angeben, keinen Partner zu suchen, sondern vor allem »Menschen kennenlernen« zu wollen.

◆ Sogenannte »schlechte Erfahrungen« sind ein besonders starkes Programm im Magneten. Mit dieser Grundhaltung muss ein potenzieller Partner sehr große Hürden überwinden, um hinter den Schutzschild aus Abwehr und Misstrauen vorzudringen, hinter dem menschliche Nähe überhaupt erst möglich ist.

◆ Gesucht wird tendenziell eher mit dem Verstand, nach Kriterien, die der Verstand erfassen kann, wie zum Beispiel Alter, Größe, Beruf, Sternzeichen, Nationalität. Jeder, der schon einmal wirkliche Liebe und Nähe erfahren hat, weiß, dass die Kriterien hierfür jenseits des Verstandes liegen.

◆ Das Angebot ist nahezu unüberschaubar. Die meisten Suchenden haben ein Idealbild im Kopf und jede Person, die diesem Bild äußerlich nicht entspricht, kommt nicht in die nähere Auswahl. Bereits ein schlecht aufgenommenes Foto kann ein Hinderungsgrund sein.

◆ Viele Mitglieder wünschen sich nicht wirklich einen Partner und suchen auch keine Liebesbeziehung. Sie spielen Kommunikationsspiele.

◆ Das Idealbild ist oft von übersteigerten Erwartungen (wie durch Filme) geprägt. Das erschwert reale Beziehungen.

◆ Als Suchender in einem Überangebot zu sitzen und keine Erfüllung zu erfahren, verstärkt das Gefühl von Mangel. Nach einigen oder vielen gescheiterten Versuchen kann ein Gefühl von Unzulänglichkeit oder Abwehr entstehen und sich auf den Magneten übertragen.

Ivonne und die Goldkettchen

Ivonne, eine geschiedene Mutter mit zwei Kindern, hatte vor zwei Jahren eine überaus unerfreuliche Trennung hinter sich gebracht. Sie war zehn Jahre lang mit einem wohlhabenden Mann verheiratet gewesen und die Familie hatte einen hohen Lebensstandard genossen. Ivonne wünschte sich sehr, ihren Kindern und sich eine solche familiäre Umgebung wieder erschaffen zu können.

Aufgrund der vergangenen unglücklichen Beziehung war es ihr jetzt wichtig, einen Mann zu finden, der Sie achtete, als wertvollen Menschen respektierte und gleichzeitig »ein gewisses Niveau« hatte, wie sie es nannte.

Nach langer Rückzugsphase fasste sie allen Mut zusammen und beschloss, den Schritt »nach draußen« wieder zu wagen. Sie schaltete in einer Singlebörse eine Anzeige mit zwei Fotos von sich. Ivonne ist eine sehr attraktive Frau und konnte sich vor Anfragen in ihrem Posteingangsfach kaum retten.

Nach mehreren nicht besonders erfreulichen Dates beschloss sie eine Korrektur. Es gab, nach Ivonnes Erfahrung, bestimmte Merkmale an Männern, die sie als besonders unpassend empfand. Sie beschloss, dies in Ihrer Anzeige auszudrücken: »Träger von Goldkettchen und Brusthaaren bitte gleich weiterklicken. Ich bin eine Frau mit Stil.«

Sie erinnerte sich an einen Porsche fahrenden Freund, den sie sehr mochte, und fügte hinzu: »Wenn Du zum Beispiel einen Porsche fahren würdest, wärest Du schon eher mein Fall.«

Aufgrund ihrer unglücklichen Ehe sehnte sich Ivonne auch besonders nach erfüllender körperlicher Nähe, die sie als Symbol für Wertschät-

zung und Liebe ansah. Etwas, was sie die vergangenen Jahre nicht bekommen hatte. Also wies sie in einem kurzen Satz darauf hin.

So gut wie alle Männer, die sich daraufhin meldeten und denen Ivonne begegnete, hatten Brusthaare oder trugen Goldkettchen um den Hals oder am Handgelenk. Sie suchten ausnahmslos nach einer Affäre und nicht nach einer Partnerschaft. Porschefahrer waren keine darunter.

Ivonne war völlig rätselhaft, warum ihre Anzeige ausgerechnet die Männer anzog, die sie auf keinen Fall haben wollte. Und das obwohl sie ausdrücklich darauf hinwies, was ihr nicht gefiel.

Über das Geheimnis des Spiegels wurde ihr der Grund klar: Erstens zog ihr Herzmagnet zuverlässig an, was sie besonders ablehnte. Zweitens wollte sie zwar die oberflächliche Art der Freundschaften und Bekanntschaften aus den vergangenen Jahren nicht mehr. Aber der Wunsch, Teil einer Gesellschaft von Menschen zu sein, die ihren Wohlstand auch sichtbar nach außen zeigten, war in der Ausstrahlung ihres Magneten noch deutlich enthalten.

Sieben Wochen nachdem sie dies erkannt hatte, lernte sie auf dem Weg zur Schule ihrer Kinder einen alleinstehenden Vater kennen und beide verliebten sich ineinander. Zum ersten Mal seit zwölf Jahren spürte sie, dass ein Mann sie in ihrem Wesenskern wahrnahm und genau dafür liebte.

Partnerbörsen optimal nutzen

Wenn Sie dieses eigentlich praktische Werkzeug des Kennenlernens möglichst gut nutzen wollen, helfen Ihnen vielleicht folgende Impulse weiter.

◆ Ihre Klarheit und Ihre Gefühle sind Ihr Magnet. Fühlen Sie, was Sie wirklich wollen. Vermeiden Sie Widersprüche, die vielleicht kein einzelner Mensch erfüllen kann.

◆ Schreiben Sie nicht, was Sie fordern. Schreiben Sie, was Sie geben. Wenn Sie viel fordern, wird der andere spüren, welche Ihrer Erfahrungen der Grund dafür sind, und genau diese Erfahrungen werden ähnliche neue Erfahrungen in Ihr Leben ziehen.

◆ Beschreiben Sie tendenziell weniger, was Sie tun, und mehr, was Sie fühlen, wenn Sie etwas tun.

◆ Schreiben Sie nicht, was Sie glauben zu sein. Lassen Sie es den Leser selbst entscheiden, durch das, was Sie schreiben und wie Sie schreiben. Wenn Sie ausstrahlen wollen, dass Sie ein gefühlvoller Mensch sind, schreiben Sie nicht: »Ich bin gefühlvoll.« Lassen Sie es den Leser durch Ihre Art zu schreiben spüren, dann wirkt Ihr Magnet. Beschreiben Sie zum Beispiel ein schönes Gefühl, das Sie in einer bestimmten Situation in sich spüren. Oder ein Teil eines Gedichtes.

◆ Schreiben Sie nichts, was Ihren Gefühlen aus schlechten Erfahrungen entspringt. Sie ziehen nur noch mehr davon an.

◆ Schreiben Sie nichts über Sex, außer Sie wollen vor allem Sex. Schöne und erfüllende körperliche Nähe entsteht von selbst, wenn Sie den passenden Menschen gefunden haben. Schreiben Sie über Liebe. Wirkliche Liebe macht schönen Sex von selbst.

◆ Beschreiben Sie nicht, was und welche Art von Menschen Sie vermeiden wollen, außer Sie wollen genau das magisch anziehen.

◆ Halten Sie niemanden aus taktischen Gründen hin, außer Sie wollen Ihren Magneten so ausrichten, dass Sie gefühlvolle Menschen fernhalten. Jemand, der Gefühle auf eine Weise spüren kann, wie Sie es sich wünschen, wird es merken und spielt nicht lange mit.

◆ Wenn Sie etwas wirklich Wesentliches verheimlichen, ziehen Sie Menschen an, die Ihnen etwas wirklich Wesentliches verheimlichen.

◆ Handeln Sie möglichst nicht gegen Ihr wahres Gefühl, auch wenn es verlockend ist. Je öfter Sie das tun, desto mehr ruinieren Sie Ihren Gefühlsmagneten. Spielen Sie nicht mit den Gefühlen anderer, außer Sie wollen Menschen anziehen, die mit Ihren Gefühlen spielen. Handeln Sie nicht, nur um sich etwas zu beweisen.

◆ Verbergen Sie Ihr Aussehen nicht. Ihr Magnet strahlt dadurch ein Gefühl von geringer Selbstliebe aus. Sie wirken auf andere viel schöner, als Sie es sich vorstellen können, sobald Sie sich selbst mögen. Investieren Sie lieber ein wenig darin, mehrere schöne und aktuelle Fotos von sich zu haben, die Sie selbst bei jeder Betrachtung glücklich machen. Auch ohne Partnerbörsenabsicht sind solche Bilder wie ein Blumenstrauß, den Sie sich selbst schenken. Stellen Sie diese Blumen auf Ihren Nachttisch und stellen Sie sie online. Das ist Ihr Magnet.

Verwenden Sie keine Bewerbungsbilder und vor allem keine Bilder, auf denen noch andere Personen - wie zum Beispiel Expartner - zu sehen sind, auch wenn sie retuschiert oder abgeschnitten sind. Suchen Sie einen Fotografen, der wirkliche Gefühlsbilder macht, und erzählen Sie ihm, wie Sie wirken wollen. Ein Bild ist ein starker Magnet und alles darin wirkt.

◆ Vergessen Sie Hollywood, außer Sie wollen Schauspieler anziehen. Wenn Sie Menschen mit Herz suchen, strahlen Sie aus, dass Sie ein Mensch mit Herz sind.

◆ Wenn Sie jemanden anziehen wollen, der Achtung und Respekt vor anderen Menschen hat, prüfen Sie, ob Ihre eigenen Texte das ausstrahlen.

◆ Wenn Sie chatten, mailen oder sich treffen, versuchen Sie den Menschen gegenüber zu spüren. Dort sitzt kein perfekter Traumprinz oder eine Göttin. Dort sitzt ein Mensch.

Stellen Sie Fragen, die das Herz berühren! Wovon träumt er? Was bewegt ihn? Was berührt sein Herz? Was tut ihm weh? Wofür setzt er sich ein? Wo fühlt er sich schwach? Wie denkt er über andere Menschen? Wie sieht er sein Leben und wo er gerade steht? Ist er ein Opfer und wenn ja, wo? Wie geht er mit seiner Vergangenheit um? So spüren Sie schneller, wie Ihr Gegenüber wirklich ist, und das Risiko, Ihrer eigenen Illusion zum Opfer zu fallen, sinkt.

◆ Machen Sie kein Geheimnis aus sich, außer Sie wollen Ihren Magneten das Gefühl von Abweisung ausstrahlen lassen. Sie sind für einen anderen Menschen am anziehendsten, wenn Sie Ihr Herz spüren lassen.

**Das Experiment zu verschwinden –
eine Neuausrichtung Ihres Magneten**

Falls Sie schon länger in einer Partnerbörse sind und erfolglos suchen, machen Sie unbedingt folgendes Experiment: Löschen Sie Ihr Profil. Legen Sie es nicht still, sondern löschen Sie es vollständig, auch wenn es Mühe gemacht hat. Das ist kein Verlust, denn ganz offensichtlich hat es Ihnen ja keinen Erfolg gebracht. Dieses Profil ist alt, es strahlt aus, wie Sie vor Monaten oder Jahren waren, deshalb wird es nur altbekannte Wiederholungen anziehen. Beschließen Sie für sich einen Zeitraum, in dem Sie »nicht suchen«. Vielleicht sind es zunächst drei Wochen. Oder drei Monate. Was immer sich gut anfühlt, ist der perfekte Beschluss.

Achten Sie genau darauf, was in Ihnen geschieht, während Sie dies tun. Achten Sie besonders auf das Gefühl nach dem Löschen. Es kann gut sein, dass Ihnen in diesem Augenblick vieles sehr klar wird. Oft fühlt es sich an, als würden Sie von einem Druck befreit werden. Dieses neue Gefühl von Freiheit verändert Ihren Magneten sofort. Beobachten Sie, wie sich Ihre Wahrnehmung zu den Menschen, die in Ihrem Leben täglich auftauchen, ändert. Spüren Sie es einfach nur, wie Ihr Magnet wieder zu strahlen beginnt.

Falls Sie möchten, können Sie nach einiger Zeit ein neues Profil anlegen. Es wird dann wahrscheinlich eine andere Wirkung haben als zuvor. Vielleicht haben Sie aber auch gar keine Lust mehr darauf. Es ist Ihr ganz eigenes Experiment.

Sollten Sie feststellen, dass andere sich für Sie scheinbar nur oberflächlich interessieren und immer wieder nur etwas von Ihnen »haben wollen«, sehen Sie sich selbst: Interessieren Sie sich wirklich für das Wesen des anderen? Für seine Träume und Hoffnungen, für seine Ängste und Unsicherheiten? Wollen Sie den anderen in seinem Wesen unterstützen oder wollen Sie vor allem etwas für sich bekommen? Suchen Sie nach einem Traum oder möchten Sie einen lebendigen Menschen wirklich erfahren?

 **Gefühlsübung: Das Wesen eines Menschen spüren**
Sehen Sie Ihrem Gegenüber in die Augen, vielleicht während er oder sie etwas erzählt, das Sie weniger interessiert. Denken Sie dabei den Satz: »Ich möchte die Liebe in dir sehen.« Versuchen Sie zu sehen, was sich »hinter den Augen« befindet. Spüren Sie dabei Ihre eigenen Gefühle.
Wenn Sie einen Menschen kennenlernen und ihn für eine dauerhafte Beziehung in Erwägung ziehen, beobachten Sie nicht nur, was Sie selbst empfinden, sondern auch das, was in der Begegnung zwischen Ihnen »stattfindet«.

Findet Liebe statt? Findet Freude statt?
Findet Dankbarkeit statt? Findet Schönheit statt?

Mit Schönheit ist die Schönheit der gemeinsamen Begegnung gemeint, nicht die äußere Schönheit.

Entschlossenes Handeln: Grund & Sinn

Grund

◆ Ihr Handeln setzt Zeichen. Vor allem für Sie selbst. Es erzeugt ein Gefühl von Klarheit und Kraft in Ihnen. Dieses Gefühl strahlt nach außen.

◆ Ihr Magnet bewirkt, dass Menschen zu Ihrem Haus kommen. Die Tür öffnen Sie durch Ihr Handeln. Für die Kraft in Ihrem Magneten ist es *nicht* entscheidend, dass Sie exakt das tun, was später den Erfolg bringt, sondern dass Sie überhaupt etwas zum betreffenden Thema tun.

◆ Handeln verändert Ihre Ausstrahlung auf dem betreffenden Gebiet von »Opfer« in »Erschaffer«. Sie lösen die Starre und setzen einen Fluss in Bewegung.

Sinn

◆ Der Sinn von entschlossenem Handeln liegt darin, die eigene Kraft und damit sich selbst zu spüren. Und sich selbst mehr für das zu lieben, was man tut und ist, anstatt sich für das zu verurteilen, was man sich nicht traut.

Erlebtes Wissen zum neunten Geheimnis

◆ Was immer Sie tun, um etwas zu erreichen ... Geben Sie »Ihr Herz« hinein. Stellen Sie sich - nur als Spiel - vor, Sie könnten die Ausstrahlung Ihres Magneten an Orte verlegen, an denen Sie von allein für Sie wirkt. Und dann warten Sie einfach ab und beobachten.

◆ Kennen Sie »Macher«? Was haben diese gemeinsam? Sie erzeugen Erfolge, wo andere immer wieder überlegen und zögern. Sie können Misserfolge ihres Handelns relativ leicht annehmen. Die Erfolge gleichen die Misserfolge mehr als aus. Misslingen wird nicht als Fehler, sondern als Lehre gesehen. Wie wirken diese Menschen auf Sie? Finden Sie an ihnen etwas, das Sie selbst auch gerne spüren oder ausstrahlen würden?

◆ Erinnern Sie sich an Situationen, in denen wichtige Ereignisse und Menschen wie Geschenke zu Ihnen kamen. Sie hatten etwas beschlossen ... Was war das? Und Sie haben gehandelt. Aber nicht das Handeln direkt hat den Erfolg bewirkt, das Ergebnis kam über einen ganz anderen Kanal zu Ihnen.

◆ Wenn Sie etwas seit Langem wünschen und nicht bekommen ... Haben Sie auch wirklich entschlossen gehandelt? Oder haben Sie gehandelt wie ein Opfer, das sich wehrt, um nicht noch mehr Schaden zu erleiden? Spüren Sie in sich den Unterschied zwischen beiden Grundhaltungen.

Wie Sie Ihren Magneten neu ausrichten

◆ Sobald eine Idee entstanden und ein Entschluss gefasst ist, halten Sie es schriftlich fest und entwerfen Sie einen groben Aktionsplan. Es muss nicht der »richtige« Plan sein, aber es sollte eine Idee sein, wie man das Neue in die Tat umsetzen könnte. Für die Kraft in Ihrem Magneten ist es von Bedeutung, dass überhaupt eine Handlungsidee zu Papier gebracht wird und die Vorstellung vom Kopf (virtuell) auf das Papier (real) kommt.

◆ Tun Sie mindestens den ersten kleinen Schritt dieses Plans sofort oder am nächsten Tag!

◆ Tun Sie möglichst jeden Tag »irgendetwas« zu diesem Plan, ganz gleich, wie wenig oder wie viel es sein mag. Auch wenn Sie nur am Plan selbst arbeiten.

◆ Korrigieren Sie Ihren Plan sofort, wenn Sie zusätzliches Wissen erhalten, sodass Sie immer das Gefühl haben, das Bestmögliche zu tun. Verhalten Sie sich »konsequent flexibel«.

◆ Überlegen Sie sich gut, ob und wem Sie zu welchem Zeitpunkt davon erzählen. Manchmal genügt nur eine unbedachte Bemerkung eines anderen, um Sie aus Ihrer Kraft zu bringen. Ein kleines »Geheimnis« zu haben wirkt oft Wunder.

Das zehnte Geheimnis

„Der wichtigste Zeitpunkt
in Ihrem Leben
ist das Jetzt!
Alles, was Sie jetzt fühlen
und denken,
erzeugt Ihre Zukunft."

Die Kraft der Gegenwart

Nachdem Sie die Wirkung Ihres Magneten mehr und mehr verstehen, werden Sie sich vielleicht nach einem direkten Weg sehnen, um Altes zu reinigen und Neues zu erschaffen. Es gibt diesen Weg und er öffnet sich Ihnen, wenn Sie die Kraft der Gegenwart in Ihr Leben integrieren.

Je mehr Sie in der Vergangenheit oder mit Ihrer Vergangenheit als empfundene Last leben, desto mehr tauchen Sie wieder und wieder in alte Gefühle ein. Damit erzeugen Sie in Ihrem Magneten eine Anziehungskraft, welche Menschen heranzieht, die mit Ihnen diese alten Gefühle erleben wollen. Sie schreiben Ihre Vergangenheit einfach immer weiter in die Zukunft fort, wie ein in sich geschlossener Kreis. Auf dem von diesem Effekt betroffenen Gebiet des Lebens kann sich das anfühlen wie ein Hamster in einem Laufrad. Sie können rennen, so schnell oder langsam Sie wollen … Sie bleiben doch immer im selben Rad.

Es gibt eine Möglichkeit, aus dem Laufrad auszubrechen und eine Zukunft zu erzeugen, die wirklich neu ist. Eine Zukunft, die weniger das Ergebnis Ihrer Vergangenheit ist, frei von der Last alter Wunden.

Spüren Sie Ihr Leben mehr und mehr im Jetzt! Entscheiden und handeln Sie mehr aus der Gegenwart heraus.

Was Sie dafür brauchen, ist Vertrauen in den Weg Ihres Lebens und eine zusätzliche Möglichkeit, zu entscheiden, ohne ständig die Vergangenheit als Ratgeber herbeirufen zu müssen. Beides gewinnen

Sie, indem Sie eine, vielleicht im Moment noch weniger genutzte Art zu handeln in Ihr Leben einziehen lassen.

Der Zyklus Ihres Lebens im Jetzt: entscheiden, handeln, annehmen

Im Jetzt entscheiden:
Nutzen Sie die Kraft Ihrer Intuition

Guter Analyst, Planer und Umsetzer: der Verstand.
Im täglichen Leben ist eine scheinbare Verstandesentscheidung tatsächlich meistens eine Gefühlsentscheidung. Es beginnt damit, dass der Verstand überlegt. Er wägt Erfahrungen ab, indem er sich an Gehörtes, Gelesenes, Gelerntes und Erlebtes erinnert. Das ist nicht wirklich »rational«, sondern überaus emotional, denn jede dieser kleinen Geschichten und inneren Filme erzeugt Gefühle. Und diese Gefühle sagen: »gut« oder »schlecht«, Freude oder Angst, Schwere oder Leichtigkeit.

Spüren Sie bereits jetzt, beim Lesen, die Probleme dabei? Langsamkeit und Unvollständigkeit! Der Verstand erzählt mühsam eine kleine Geschichte. Daraus entwickelt sich ein Gefühl und Sie entscheiden »Ja« oder »Nein« oder »Vielleicht«. Dann kommt ein weiteres Argument und wieder entscheiden Sie. Wenn Sie Glück haben, kommen viele Jas und Sie denken gar nicht weiter, sondern entscheiden sich gleich. Aber es kann auch sein, dass Sie am Ende einen Haufen Jas und Neins und Vielleichts vor sich haben und versuchen müssen, daraus Ihr Handeln abzuleiten. Ein Gefühlschaos entsteht und oft handelt man dann aus Unsicherheit überhaupt nicht.

Hinzu kommt, dass der Verstand nur über ein sehr bescheidenes Repertoire an tatsächlichen Fakten verfügt, die zudem alle der Vergangenheit entspringen. Die meisten Informationen sind sozusagen veraltet.

Immer, wenn der Verstand entscheidet, entscheidet die Vergangenheit. Nur das kleine Stückchen Mut – innerhalb einer solchen Entscheidung eine Unwägbarkeit einzugehen – wird belohnt mit dem, was man ein neues Erlebnis nennt.

Überlegener Entscheider: die Intuition

Unser Bewusstsein bewältigt, so schätzt man, ungefähr fünfzig Basiseinheiten von Information (Bits) pro Sekunde. Das ist relativ langsam und die Informationsmenge ist gering, weshalb Sie das Ergebnis auch »denken« und in erklärende Worte fassen können.

Das Unbewusste dagegen wird sogar mit mehreren Millionen von Bits pro Sekunde fertig. In der Zeit, die Ihr Verstand braucht, um bis zehn zu zählen, hat Ihre Intuition bis weit über fünfhunderttausend gezählt. Während Sie gerade beginnen, über ein Problem nachzudenken, hat Ihre Intuition die Lösung bereits und ist schon intensiv dabei, sie Ihnen mitzuteilen. Nur können Sie es vielleicht nicht hören, weil Ihr Verstand noch damit beschäftigt ist, bis zehn zu zählen, und dabei zu keiner brauchbaren Lösung kommt. Statt danach auf die Intuition zu hören, beginnt er, wieder von vorn zu zählen, weil er den Verdacht hegt, falsch gezählt zu haben.

Das Gefühl ist die Sprache Ihrer Intuition

Das Ergebnis einer intuitiven Antwort ist derart ganzheitlich, vielschichtig und tiefgreifend, dass Sie es mit dem begrenzten Verstand nicht »begreifen« könnten. Deshalb wird es Ihnen ihn Form eines Gefühls übermittelt. Die einen bezeichnen es als »Bauchgefühl«, die anderen als »innere Führung« oder eben als Intuition. Gemeint ist immer dieselbe Fähigkeit.

Solange Sie intensiv mit Nachdenken beschäftigt sind, sind sie abgelenkt und können diese Gefühlsbotschaft nicht spüren. Das ist der Grund, warum viele »erleuchtende« Erkenntnisse erst dann kommen, wenn man aufgehört hat, sich in das Problem zu verbeißen.

Über die enorme Fähigkeit der Intuition verfügen Sie bereits. Sie müssen nichts dafür tun. Sie brauchen nur beginnen, auf sie zu hören, und auch das ist einfach: Fragen Sie sich, spüren Sie in sich hinein, probieren Sie es aus und prüfen Sie, ob es richtig war. Es ist, als würden Sie eine Sprache lernen. Je mehr Sie üben, desto genauer und selbstverständlicher werden Sie verstehen, was gesagt wird, und Ihr Vertrauen in Ihre Fähigkeit wird wachsen.

„Der intuitive Geist ist ein heiliges Geschenk
und der rationale Geist ein treuer Diener.
Wir haben eine Gesellschaft erschaffen,
die den Diener ehrt und das Geschenk vergessen hat."

Albert Einstein

Physiker, Philosoph

* 14. 03. 1879 - Ulm   † 18. 04. 1955 - Princeton/New Jersey

Kleiner Sprachführer für intuitive Antworten

Sie werden im Laufe der Zeit Ihre eigenen intuitiven Gefühle so genau kennenlernen, dass Sie keinen Dolmetscher brauchen. Sie werden einfach spüren, wie Sie sich fühlen, und nicht mehr dagegen handeln. Wenn Sie Ihre Intuition als Ratgeber zu einem Thema »wecken« wollen, können Ihnen folgende einfache Fragen dabei helfen:

 Fühlt es sich »gut« oder »in Ordnung« an?
Falls nicht: Was würde sich gut anfühlen?

Verzichten Sie auf Erklärungen. Vertrauen Sie! Es genügt, wenn es sich gut anfühlt oder nicht gut anfühlt. Wenn Sie nicht wissen, wie Sie das spüren sollen, spüren Sie, wie Sie selbst sich fühlen, wenn Sie an diese oder jene Alternative denken. Sie können auch beginnen, etwas in einer Richtung zu tun, und dabei genau darauf achten, wie Sie sich währenddessen fühlen. Oder Sie begeben sich an einen Ort (eine neue Wohnung, ein neuer Wohnort oder ein neuer möglicher Arbeitsplatz) und spüren, wie Sie sich fühlen. Wenn Sie keine klare Antwort hierauf spüren oder unsicher sind, fragen Sie genauer nach einem Ja oder Nein:

Ein intuitives »Nein« oder »Schlecht« (nicht im Fluss):

◆ Irgendwas stimmt hier nicht!

◆ Hier fühlt sich etwas »kompliziert« oder schwer (als Last) an.

◆ Es fühlt sich nach unerklärlichen und unsichtbaren Widerständen an, als würde etwas oder jemand mich »bremsen«.

◆ Ich will da weg. Ich mag das nicht.

◆ Im Außen tauchen ständig neue Widerstände und Probleme auf.

Ein intuitives »Ja« oder »Gut« (im Fluss):

- Ich spüre Leichtigkeit und Freude bei dem Gedanken oder Tun.
- Es fühlt sich einfach an.
- Es fühlt sich an, als würde etwas oder jemand mir »helfen«.
- Ich will da hin. Ich mag das.
- Im Außen öffnen sich, fast wie durch Wunder, immer neue Türen.

Sie können diese Abfrage sehr gut bei Begegnungen mit Menschen anwenden. Spüren Sie, wie Sie sich fühlen, während sich eine Beziehung entwickelt.

Wenn Sie keine klare Richtung oder Antwort wahrnehmen, kann es sein, dass Sie im Augenblick gar nichts tun sollen. Fragen Sie sich: Ist es tatsächlich wahr, dass ich jetzt eine Entscheidung treffen muss? Wie fühlt es sich an, jetzt die Entscheidung zu treffen, das Ganze so lange zu vertagen, bis klare Gefühle dazu auftauchen? Es kann sein, dass genau dann klare Gefühle kommen.

Im Jetzt handeln:
Tun Sie das, was Sie erleben wollen, möglichst bald

Wenn es irgendwie möglich ist, verschieben Sie Ihr Leben nicht auf eine ungewisse Zukunft. Das ist oft eine Flucht. Gefühle wollen jetzt erlebt werden, sie sind wie Kinder: Wenn Sie sie zu oft vertrösten, werden sie sehr unzufrieden. Oder die Zeit dafür ist einfach vorbei.

Der geplatzte Handel mit dem Leben

Michael und Astrid lernten sich Anfang zwanzig als Wirtschaftsstudenten an der Universität kennen. Ihre Liebe füreinander traf sie wie ein Blitzschlag. Auch nach Jahren waren sich beide noch sicher, dass sie zusammen ihr Leben verbringen würden. Sie spürten so tiefe Liebe füreinander, verbunden mit dem Wunsch nach Freiheit und Abenteuer, dass sie folgende Vereinbarung trafen: Jeder von ihnen würde seine hervorragende Ausbildung nutzen, um das zu machen, was man als Karriere bezeichnet. Sie würden ihre gesamte Energie und Zeit bis zum Alter von vierzig darauf verwenden, möglichst viel Geld zu verdienen und zu sparen. Von diesem Vermögen würden sie ab dann, bis ins Alter, ihre Liebe auf genau die Art leben können, wie es ihr Traum war. Das war ihr Plan und genau so taten sie es. Sie arbeiteten viel, gönnten sich eher wenig und ihr Vermögen wuchs, wie geplant. Mit achtunddreißig verunglückte Astrid bei einem Autounfall und starb.

Verschaffen Sie sich ersehnte Gefühle jetzt. Natürlich können Sie dennoch Ziele haben, Pläne schmieden und Sehnsüchten folgen. Sie können Ihre Fähigkeiten und Ihr Wissen erweitern und sich ausdrücken. Sie können immer neue Erlebnisse erschaffen. Nur tun Sie es weniger auf Kosten der Gegenwart. Das Jetzt ist das Einzige, was Sie sicher haben.

Falls Sie sich fragen, warum etwas so geschah ...

Vielleicht haben Sie bereits selbst erfahren, dass es keine gute Idee ist, das Glück in die Zukunft zu verlegen. Plötzlich ist der geliebte Mensch, mit dem Sie es geplant haben, verschwunden. Bestimmt hatten Sie beide es gut gemeint und fragen sich, wie es geschehen konnte.

Vielleicht ist es geschehen, weil Sie beide nach Liebe in der Zukunft gesucht haben, ohne zu erkennen, dass Liebe nur jetzt existieren kann. So war es unmöglich, sie zu finden. Einer von beiden oder Sie beide hatten eine Illusion im Kopf. Vielleicht glaubten Sie die Geschichte, dass es woanders - bei einem anderen Menschen oder in einer anderen Zeit - bessere Gefühle geben könnte. Mehr Liebe. Mehr Erfüllung. Mit mehr Sicherheit. Und damit haben Sie das, was Sie in diesem Augenblick Ihres Zusammenseins hätten erleben können, verschoben.

Ganz gleich, wo Sie gerade in Ihrer Beziehung mit einem Menschen stehen mögen, es kann immer mehr Liebe und immer neue intensivere Erlebnisse geben, so viel Sie wollen. Und es kann immer tiefer und tiefer gehen, mit genau diesem einen Menschen an Ihrer Seite. Es gibt nur eine Voraussetzung: dass Sie beide darum wissen und dass Sie beide es wollen.

Wenn Ihr Partner sich dafür nicht öffnet, warten Sie nicht auf ihn! Wenn Sie »warten«, spüren Sie Mangel und Verschlossenheit und Ihr Magnet strahlt Mangel und Verschlossenheit aus.

Wir leben nicht,
um Ergebnisse zu erzeugen,
sondern um Erlebnisse zu spüren.

Bei jeder Veränderung muss einer den ersten Schritt machen. Und manchmal sogar den zweiten und dritten. Das ist kein Problem, solange Sie wissen, dass Sie jeden Schritt für sich selbst machen. Sie tun es nur für sich, um sich selbst nicht länger einzusperren. Öffnen Sie sich weiter für das Gefühl von Liebe zu Ihrem eigenen Leben. Sie brauchen dafür Ihren Partner nicht. Bleiben Sie bei sich und tun Sie für sich selbst das, was Sie vom anderen erwarten. Es kann manchmal wie ein Wunder wirken.

„Vergangene Liebe ist bloß Erinnerung.
Zukünftige Liebe ist ein Traum und ein Wunsch.
Nur im Hier und Heute können wir wirklich lieben."

Mahatma Gandhi

Pazifist und Menschenrechtler

* 02. 10. 1869 · Porbandar, Indien † 30. 01. 1948 · Neu Delhi

3 Heilung für die Liebe: Sehen, was wirklich da ist

Wenn Sie sich entschieden haben, sich selbst nicht länger zu verletzen, indem Sie Ihr Herz verschließen, werden Sie nicht mehr darauf warten, dass jemand kommt, der ihr Herz »erobert«. Was immer Sie an solchen Gefühlen in Ihren Magneten geben, werden Sie auch in diesem Fall anziehen. Wenn Sie erwarten, dass jemand Ihr Herz öffnet, wird jemand kommen, der darauf wartet, dass Sie sein Herz öffnen. Und nichts geschieht. Oder es kommt jemand, der sich an Ihrem Herz zu schaffen macht, um es zu öffnen. Und das fühlt sich nicht gut an.

Erobern Sie sich lieber selbst. Je mehr Sie andere Menschen in ihrem Wesen spüren möchten, desto mehr werden solche kommen, die Sie ebenfalls als Mensch spüren wollen.

Wenn Sie mit jemandem zusammenkommen, können Sie wählen: Sie können sich damit beschäftigen, die Oberfläche der Begegnung wahrzunehmen. Sie hören die Erzählungen, sehen den Ablauf und das Verhalten, um es mit Ihren Vorstellungen abzugleichen. Sie überlegen, was Sie vom anderen bekommen könnten. Oder Sie spüren, was gerade in Ihnen selbst geschieht: Wie fühlen Sie sich? Wie fühlt sich wohl der andere? Ist da Unsicherheit oder Angst? Ist das auch in Ihnen? Sie beide haben sich angezogen, um sich zu spüren.

*Die Zukunft wissen zu wollen ist etwa so,
als würde man an einem warmen Frühlingstag
auf einer Parkbank sitzen, ein Eis genießen
und sich fragen: »Was ist der Sinn des Lebens?«
Es ist absurd.*

Haben Sie Vertrauen in Ihr Leben

Richtig, Sie haben Ihr Herz schon oft geöffnet und Sie sind immer wieder verletzt worden. Sie haben auf Dauer nicht bekommen, was Sie erwartet haben, und das tat weh. Sie haben viel gegeben - Ihre ganze Liebe - und am Ende wurden Sie nicht belohnt, sondern verlassen. Fast so, als würde das Universum Ihre Liebe immer wieder bestrafen.

Sie haben jetzt vielleicht das Gefühl, als hätten Sie nur noch zwei Möglichkeiten: sich zu verschließen, um nicht mehr verletzt zu werden, oder es wieder zu riskieren, sich zu öffnen, mit der Gefahr, wieder verletzt zu werden. Vielleicht haben Sie auch schon eine Mischung aus Öffnen und Schützen versucht und festgestellt, dass wirklich erfüllende Liebe so nicht entstehen kann.

Es ist ein scheinbar unlösbares Dilemma. Vielleicht haben Sie beschlossen, sich nicht mehr wirklich damit zu beschäftigen und sich lieber guten Freundschaften und Ihrer Arbeit zu widmen. Vielleicht haben Sie auch den Gedanken entwickelt, dass es keinen einzelnen Menschen geben kann, mit dem Sie an Tiefe und Vielfalt das erleben können, was Sie sich ersehnen. Oder dass Sie das Beste schon erlebt haben.

Wie auch immer Sie es sich selbst erklären mögen, tief in Ihnen ist vielleicht jemand sehr traurig und unerfüllt, weil er das nicht wirklich glauben will.

Das Jetzt als Weg, um mehr Liebe zu spüren

Der ganze Konflikt über »sich öffnen« oder »sich schützen« ist nichts weiter als eine Geschichte Ihrer Gedanken aufgrund vergangener Erlebnisse. Solange Sie über Öffnen und Schützen nachdenken, ist es unmöglich, dass Sie eine Lösung finden, denn die Gedanken selbst sind das Problem.

Sie können dies selbst nachprüfen: Stellen Sie sich einen Menschen vor, dem gegenüber Sie erwägen, sich weiter zu öffnen oder mehr zu schützen. Und nun ein Gedankenspiel: Versuchen Sie zu spüren, wie Sie sich fühlen würden, wenn Sie sicher wüssten, dass man ein Herz weder öffnen noch verschließen kann. Nur einmal angenommen, das wäre so. Wie würde sich das anfühlen? Spüren Sie.

Der innere Friede und die Freude oder Erleichterung, die Sie jetzt vielleicht empfinden, kommen daher, dass Sie gerade völlig in der Gegenwart sind. Sie haben die leidvolle Geschichte Ihrer Gedanken beruhigt. Würden Sie in diesem Zustand einem anderen Menschen begegnen, würde dieser Sie als »in sich ruhend« und zentriert wahrnehmen. Und Sie selbst würden den anderen so sehen, wie er in diesem Augenblick tatsächlich ist.

Die Lösung für Ihr Herz und für die Liebe

- Entscheiden Sie sich, nicht mehr das Opfer Ihrer Vergangenheit zu sein.

- Entscheiden Sie sich, dass Sie nicht wissen wollen, was Sie von einem anderen Menschen bekommen können, sondern dass Sie spüren wollen, was in einer Begegnung mit Ihnen geschieht.

- Suchen Sie nicht »Partner« oder andere Arten von Lieferanten, sondern das Erlebnis, einen Menschen so wahrzunehmen, wie er wirklich ist. Interessieren Sie sich dafür, was er liebt, was er jetzt fühlt, wonach er sich sehnt, was er an Ideen über seine Zukunft im Kopf hat.

- Unterhalten Sie sich weniger über Vergangenheit, besonders dann, wenn es um schmerzliche Beziehungen geht. Ihr Gegenüber hat das auch erlebt und wenn Sie es zum Thema machen, aktivieren Sie beide Ihre alten Gefühlsmuster und geben diese in Ihre Magneten.

- Vergleichen Sie weniger, beobachten Sie mehr.

- Erlauben Sie es sich, zu Themen »keine Meinung« zu haben, aber bleiben Sie interessiert an der Meinung des anderen. Viel interessanter als die Meinung selbst ist die oft Frage, warum er sie hat.

- Erlauben Sie es sich, zu bestimmten Dingen nichts zu wissen. Und spüren Sie, wie schön und frei sich das anfühlt.

Wenn wir uns gegenseitig wieder zuerst als Menschen wahrnehmen und erst dann als Mann oder Frau oder in einer Funktion oder als Geschichte, beginnen sich die Herzen zu unterhalten. Dann werden wir bei einer Begegnung weniger daran denken, was wir vom anderen haben können, und mehr spüren, wer dort wirklich sitzt und was zwischen beiden Wesen geschieht. Gleichzeitig werden wir uns selbst spüren, wie wir hier sitzen und den anderen fühlen. Und damit erhalten wir das größte Geschenk überhaupt: Liebe zu dem, was genau in diesem Augenblick geschieht.

Beginnen Sie damit, Ihre eigene Vergangenheit nicht mehr so wichtig zu nehmen. Je häufiger Sie sich in Ihr Bewusstsein rufen, wo Sie gerade sind, was Sie gerade spüren, mit wem Sie gerade zusammen sind und was Sie gerade erleben, desto mehr werden Sie feststellen, dass Ihre Vergangenheit tatsächlich unwichtig ist. Das, was Sie jetzt erleben, ist das Einzige, was Sie haben.

Je mehr Sie dies spüren, desto mutiger werden Sie, um Liebe in Ihnen zuzulassen.

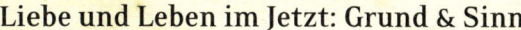

Liebe und Leben im Jetzt: Grund & Sinn

Grund

◆ Liebe kann nur im Hier und Jetzt empfunden werden. Es gibt keine Erinnerung an Liebe. Es gibt nur Erinnerungen, die jetzt Liebe in Ihnen auslösen. Sie merken dies daran, dass das Gefühl von Liebe verblasst, wenn die Erinnerung verschwindet.

◆ Gefühle können nicht in die Zukunft verschoben werden. Hat es jemals funktioniert? Die Hoffnung auf mehr Glück in der Zukunft lenkt von den Chancen ab, Liebe jetzt zu empfinden.

◆ Ihre Ausstrahlung besteht aus Ihren Gefühlen. Wenn Sie gute Gefühle in die Zukunft verlegen, spüren Sie im Jetzt einen Mangel an guten Gefühlen. Was wird dieser Mangel anziehen?

Sinn

◆ Der Sinn der Erkenntnis, dass Liebe keine Vergangenheit und keine Zukunft kennt, ist es, sich selbst im Hier und Jetzt zu spüren und anzunehmen, wie man ist und was geschieht.

Je mehr Sie jetzt lieben und genießen können, was Sie haben - denn dies ist das Einzige, was Sie wirklich haben -, desto mehr Glück werden Sie empfinden und ausstrahlen.

Erlebtes Wissen zum zehnten Geheimnis

◆ Fallen Ihnen im Buch Ihres Lebens Kapitel ein, in denen Sie in einer Beziehung auf eine bessere Zukunft gewartet haben? Wie oft hat es geklappt? Wie oft ist alles anders gekommen, als Sie gehofft haben?

◆ Beobachten Sie Menschen, die ständig planen und auf eine angeblich bessere Zukunft hoffen oder hinarbeiten. Wie wirken diese Menschen auf Sie? Erzeugen Sie ein wirklich gutes Gefühl in Ihnen? Möchten Sie so sein?

◆ Wenn Sie jemanden beobachten, der völlig in eine kreative Tätigkeit wie das Malen eines Bildes oder ins Musizieren versunken ist ... Wie fühlen Sie sich selbst dabei? Spüren Sie, dass allein das Beobachten eines Menschen, der völlig im Jetzt lebt, sich auf Ihre Stimmung überträgt? So wirken Sie auf andere, je mehr Sie jeden Augenblick Ihres Lebens lieben lernen.

Wie Sie Ihren Magneten neu ausrichten

◆ Wenn Sie unangenehmen Erinnerungen nachhängen, erzeugen Sie Gefühle, für die es im Jetzt keinen Grund mehr gibt. Sie programmieren Ihren Magneten darauf, weitere Menschen und Erlebnisse anzuziehen, die ähnliche Gefühle erzeugen.

Besser: Finden Sie die positiven Aspekte in der vergangenen Situation. Es gibt sie immer. Zum Beispiel sind Sie an einer Situation, die Sie überstanden haben, gewachsen. Ohne diese Erlebnisse wären Sie nicht der Mensch, der Sie heute sind.

◆ Wenn Sie schönen Erinnerungen nachhängen und dadurch spüren, was Sie verloren haben, geben Sie im Jetzt Gefühle von Verlust in Ihren Magneten.

Besser: Sie können das Glas Ihres Lebens halb voll oder halb leer sehen. Üben Sie die Halb-voll-Perspektive und finden Sie heraus, was im Jetzt die Geschenke Ihres Lebens sind.

◆ Finden Sie in sich einen »inneren Altar«, auf dem Sie Teile Ihrer Vergangenheit oder einen konkreten Menschen aus einer früheren Beziehung konservieren? Das blockiert auf diesem Gebiet Neues. Bauen Sie den Altar ab und entscheiden Sie sich für Ihr reales Leben, das in jedem Augenblick immer wieder neu beginnt.

◆ Fragen Sie ruhig Ihren Verstand, aber hören Sie immer mehr auf Ihr Gefühl. So finden Sie ihn, Ihren ganz eigenen Weg zu einem in allen Bereichen erfüllten Leben.

Gute Reise!

Die Offenbarungen des Spiegels

Themen ...	... mögliche Ursachen in Ihrem Magneten ...
Beobachten – Was fällt mir auf?	*Verstehen – Was ist mein innerer »Film«?*
Ich ziehe »nicht verfügbare« Partner an oder Partner mit Bindungsangst. Dabei spüre ich selbst auch Angst vor zu enger Bindung. Gleichzeitig sehne ich mich nach Nähe.	· Ich habe Angst, in einer Beziehung meine Freiheit zu verlieren. Ich will nicht, dass mich jemand »besitzt«. Ich habe Angst, »mich selbst« im anderen zu verlieren. · Ein falsches Verständnis von dem, was Freiheit wirklich bedeutet. · Ich habe Angst, die Anforderungen der Liebesbeziehung nicht erfüllen zu können. · Ein Partner mit Bindungsangst stellt kein »Risiko« dar, dass plötzlich eine Bindung gefordert wird. · Ich liebe das Abenteuer immer neuer Beziehungen tatsächlich mehr als eine feste Dauerbeziehung.
Ich ziehe Partner mit Bindungsangst an, obwohl ich intensive Verbindungen über alles liebe und auch schon gelebt habe.	· Verlustangst bei mir selbst. Sie zieht Partner mit Bindungsangst (eine Ursache: Verlustangst) an. Ich möchte deshalb so sehr und möglichst schnell eine möglichst intensive Bindung, weil dies mein erhoffter Schutz gegen Einsamkeit und meine Angst verlassen zu werden ist.
Ich ziehe Menschen an, die unehrlich zu mir sind.	· Ich lehne Unehrlichkeit stark ab, weil ... (Eltern, Expartner, ...). · Ich habe festgestellt, dass ich selbst dazu neige, in bestimmten Situationen nicht authentisch zu sein. Das stört mich an mir und deshalb stört es mich an anderen besonders.
Ich ziehe Menschen an, die nicht wissen, was sie wollen, bzw. keine Entscheidungen treffen/sich nicht zu mir bekennen.	· Meine eigene Unsicherheit oder Unklarheit darüber, was ich will oder was geschehen könnte, wenn ich selbst klare Entscheidungen treffe. · Die Angst, abgelehnt zu werden oder mit Liebesentzug bestraft zu werden, wenn ich einfach nur bin, wie ich bin. · Ich treffe selbst nicht wirklich die Entscheidung für den anderen und warte, dass er/sie sich zuerst bekennt.
Ich ziehe Menschen an, die mir Gefühle vorspielen.	· Ich spiele mir - teilweise - selbst Gefühle vor, weil ich mich so sehr danach sehne, diese Gefühle zu erleben. · Ich spiele anderen Gefühle vor, in der Hoffnung, sie dazu zu bewegen, mir als Reaktion bestimmte Gefühle entgegenzubringen.
Mein Leben besteht vor allem aus Aneinanderreihungen von Problemen.	· Die Überzeugung, dass ich ein komplizierter Mensch bin. · Die Einstellung, dass man lernen muss, mit mir umzugehen. · Die Überzeugung, ich hätte »Probleme«, die andere nicht haben. · Die Überzeugung, das Leben bestünde aus Aufgaben, die es zu lösen gilt. · Die Überzeugung, es gäbe Glück und Pech.

... und Wege zur Auflösung und Neuausrichtung

Verändern – Was ist meine neue Entscheidung?

· Die Erkenntnis: Solange ich darauf achten muss, meine Freiheit zu bewahren und sie zu demonstrieren, bin ich unfrei. Ich bin Sklave einer Idee über Freiheit.
· Die Erkenntnis, dass einem Freiheit niemand geben oder nehmen kann. Freiheit ist da, sobald man erkennt, dass man immer selbst der Entscheider ist.
· Die Erkenntnis, dass sich wirkliche Liebe nach Frieden und tiefem Verstehen anfühlt.
· Die Erkenntnis, dass wirkliche Freiheit bedeutet, sich in aller Tiefe zu verbinden, ohne dadurch Verpflichtungen anzuhäufen.
· Die Erkenntnis: Wenn der andere scheinbar etwas von mir »fordert«, erzählt er einfach nur seine ganz persönliche Geschichte über Nähe und Beziehung. Das erzeugt keine Einengung, es ist nur eine Geschichte und ich kann sie gut finden und teilen oder nicht.

· Sich selbst die Erlaubnis geben, dass es in Ordnung ist, Verlustangst zu haben. Es ist eine Grundangst fast aller Menschen und deshalb »normal«.
· Die Erkenntnis, dass wir selbst immer wieder die Entscheidung treffen müssen, ob wir uns verschließen und dadurch keine Liebe spüren oder ob wir den Mut haben, uns immer wieder zu öffnen, weil ein Leben ohne Nähe und Liebe sinnlos ist.

· Die Erkenntnis, dass absolute »Wahrheit« eine Illusion ist. Es gibt nur Sichtweisen und jeder hat eine andere.
· Menschen sind, wie sie sind, sie tun, was sie tun. Kein Mensch ist immer ehrlich. Wer bin ich, dass ich vorschreibe, wie jemand zu sein hat?
· Die Erkenntnis, dass jeder Mensch jede Art Veranlagung mehr oder weniger in sich trägt, auch ich selbst. Auch ich darf alles sein: liebevoll oder zornig, gerecht oder unfair, ehrlich oder unehrlich, mutig oder ängstlich ... Das ist Teil meines Menschseins und es ist kein Fehler.

· Entscheiden, Entscheiden, Entscheiden! Nie »gegen« etwas, immer »für« etwas. Besonders für (einen) Menschen. Für die Liebe. Für Gefühle. Für Freude. Für die eigenen Lebenswerte. Und beobachten. Immer wieder spüren, dass alles eine Abfolge von eigenen - bewussten oder unbewussten - Entscheidungen ist. Dadurch spürt man in sich Klarheit und dies zieht Menschen mit Klarheit an oder bewegt sie dazu, selbst klarer zu werden.

· Beobachten, wie Menschen genau dies tun. Nicht verurteilen, sondern versuchen zu fühlen, wie der andere tatsächlich ist, hinter dem, was er spielt. Und versuchen zu verstehen: Warum tut er/sie dies? Wovor hat er/sie Angst? Was sucht er/sie wirklich? Dabei verstehe ich gleichzeitig auch etwas über mich.

· Das Wissen, dass jede dieser Überzeugungen der Grund für die Anziehung im Magneten ist und nicht das Ergebnis. Solange ich glaube, dass es so ist, wird es weiterhin so sein.
· Jede dieser Überzeugungen ist nur eine von Gedanken erzeugte Geschichte. Kaum etwas davon stimmt, wenn man es tatsächlich auf Wahrheit prüft. Woher kommen diese Überzeugungen? (Eltern, Partner, ...).
· Weg von »Problemen«, hin zu »Ereignissen«, die aus Ursache und Wirkung bestehen.
· Die Erkenntnis, dass vergangene Ereignisse nur Erinnerungen sind. Ich kann sie immer wieder denken oder ich kann sie lassen, wo sie sind, und an mein Leben »ab jetzt« denken. Ich beginne mein Leben in jedem Augenblick neu.

Themen ...	... mögliche Ursachen in Ihrem Magneten ...
Beobachten – Was fällt mir auf?	*Verstehen – Was ist mein innerer »Film«?*
Meine Beziehungen sind meistens sehr intensiv, oft dramatisch oder kompliziert, bleiben aber letztlich wenig erfüllend für mich.	· Die Überzeugung, dass Liebe und dramatische Gefühle zusammen-gehören. · Die Überzeugung, dass Harmonie langweilig wäre. · Die Idee, das Schmetterlinge (Angst) etwas mit Liebe zu tun hätten und ihre Abwesenheit zu wenig Liebe bedeuten würde.
In meinem Leben und/oder meinen Beziehungen herrscht eher »Chaos«.	· Keine innere Klarheit, keine Entscheidungen, kein entschlossenes Handeln. · Zu wenig Gefühl darüber, wozu ich hier bin und was ich konkret erleben will. · Ich bin nicht wirklich frei. Eventuell hänge ich noch in der Erinne-rung einer vergangenen Beziehung.
· Ich ziehe Menschen an, die eine ganz spezielle Verhaltensweise praktizieren, die für mich bedeutet, dass ich nicht wertgeschätzt werde. *· Ich ziehe Menschen an, die nach und nach immer mehr Verhaltens-weisen zeigen, die ich ablehne.*	· Ich habe eine beobachtete Verhaltensweise zu einem wichtigen persönlichen »Symbol« für Ablehnung gemacht (innerer Film). · Ich beurteile Menschen stark nach bestimmten Verhaltensweisen und entwickle daraus Ablehnung oder Zustimmung. Ich »urteile« viel.
· Ich liebe »starke« Charaktere, ziehe sie auch an, und werde dann geringschätzig behandelt. *· Ich ziehe Menschen an, die Macht oder Gewalt über mich ausüben wollen.*	· Ich »bewundere« Menschen, die mehr können oder sind als ich. · Ich lehne etwas an mir deutlich ab (z.B. Körper). · Ich will auf keinen Fall mehr einen farblosen, kraftlosen Partner.
Ich möchte besonders männliche/ weibliche Partner/innen anziehen, aber es kommt eher das Gegenteil.	· Ich halte mich selbst für zu wenig männlich oder weiblich.
Ich möchte besonders männliche/ weibliche Partner/innen anziehen, sie kommen auch, sind aber schnell wieder weg.	· Ab einem bestimmten Grad der Zuneigung durch den anderen frage ich mich: warum? Und ich zweifle, dass er/sie mich persönlich meint oder es ehrlich meint (Selbstwert). · Ab einer bestimmten Phase der Nähe/Verliebtheit mache ich den Partner zu »etwas ganz Besonderem« und fühle mich selbst demge-genüber unterlegen (Selbstwert).

Verändern – Was ist meine neue Entscheidung?

· Die eigenen Überzeugungen aufschreiben (!) und überprüfen. Stimmt es tatsächlich, was ich denke?
· Die eigenen Ziele aufschreiben: Was will ich wirklich? Welche Qualitäten soll eine funktionierende Beziehung haben? Wie soll sie ablaufen, damit ich sie als gut empfinde und bereit wäre, sie mit Leben zu erfüllen? Auch später, nach Monaten und im Alltag. Was bin ich bereit, an meinem Leben zu verändern, um eine funktionierende Partnerschaft möglich zu machen?
· Ist das für mich in Ordnung, mit einem Menschen zusammen zu »wachsen« und Raum und Zeit zu teilen?

· Aufräumen! Entscheidungen treffen, in allen Bereichen des eigenen Lebens, auch unabhängig von einer Beziehung. Wie sieht meine Wohnung aus? Mein Auto? Der Inhalt meines Kellers? Mein Kleiderschrank? Mein Arbeitsplatz? Manage ich Chaos oder gestalte ich mein Leben?
· Klarheit gewinnen: Weiß ich überhaupt wirklich, was ich will? Aufschreiben. Manche Visionen klingen schön, sind aber praktisch unmöglich, weil sie sich wiedersprechen. Herausfinden: Ist das tatsächlich eine realisierbare Idee? Wo sind Unvereinbarkeiten? Neue Entscheidungen treffen!
· Den »Inneren Raum« prüfen. Ist er vorhanden? Ist er frei?

· Prüfen: Stimmt es, dass diese Verhaltensweise immer dafür steht, was ich daraus mache? Was könnte sie aus Sicht eines anderen noch bedeuten? Angenommen, der andere würde mich wertschätzen, warum tut er das dennoch?
· Fantasiereise: Wie wäre es, wenn ein Mensch, von dem ich völlig sicher spüre, dass er mich über alles liebt, genau diese Verhaltensweise unbewusst an den Tag legt? Wäre das schlimm? Oder könnte ich es sogar lieben, weil ich den Menschen liebe?

· Die Erkenntnis, dass kein Mensch auf dieser Welt mehr oder weniger wert ist als ich selbst. Es gibt Menschen, an denen ich bestimmte Eigenschaften erkenne, die mich ergänzen oder fördern können oder an denen ich lernen kann.
· Aufschreiben und sammeln: Warum/wo/wann bin/war ich ein starker Mensch?
· Klarheit gewinnen! Wo sind meine scheinbaren Schwachpunkte und was denke ich über diese? Was lehne ich an mir ab? Warum? Stimmt das überhaupt? Angenommen, ich wäre genau so, wie ich bin, perfekt ... Könnten dann diese Eigenschaften nicht sogar Stärken sein?
· Warum bewundere ich Machtmenschen oder »starke« Menschen? Wie fühle ich mich neben diesen Menschen?

· Den »inneren Schalter« benutzen und die Ausstrahlung verändern. Nicht am eigenen Verhalten arbeiten, nur die Wirkung des Schalters beobachten.

· Die »Liebe zum eigenen Leben« spüren.
· Erinnern und fühlen, welches Lebensgefühl man für sich beschlossen hat, und unabhängig vom anderen spüren, wie das eigene Leben bereits »auf der Spur« ist, einen dorthin zu bringen.
· Den »inneren Schalter« benutzen und die Ausstrahlung verändern. Nicht am eigenen Verhalten arbeiten, nur die Wirkung des Schalters beobachten.

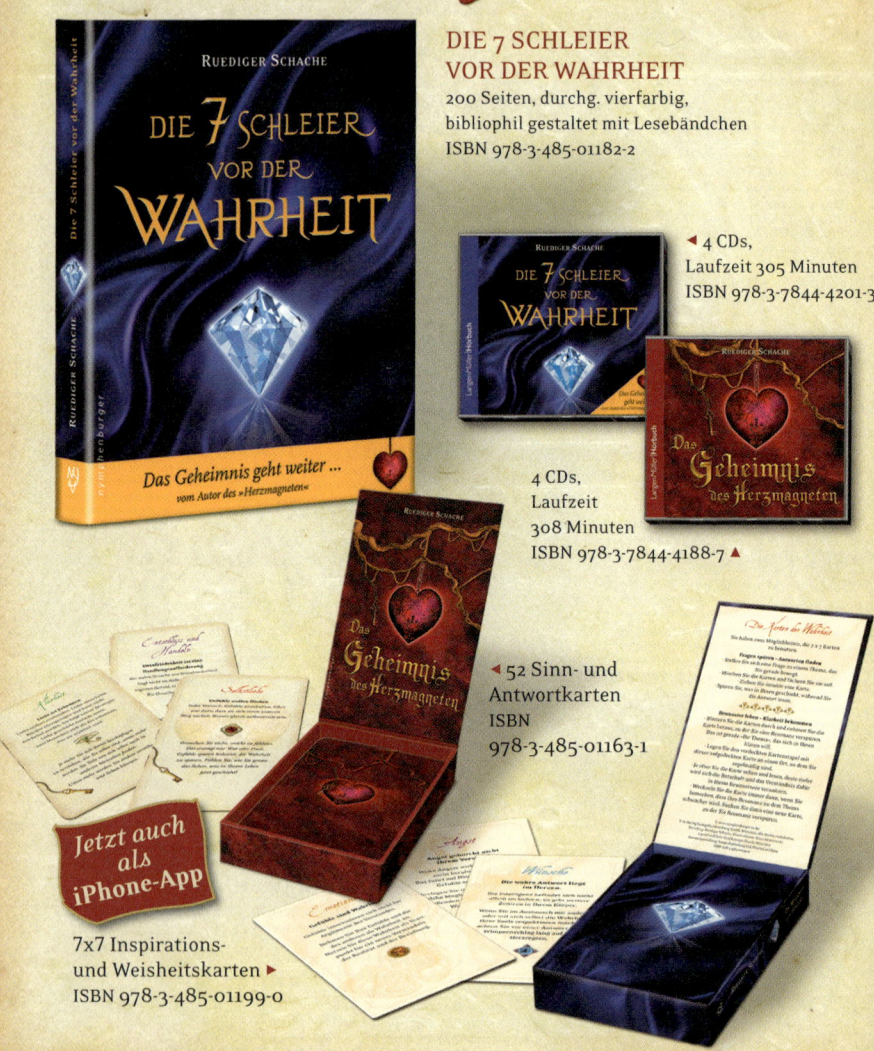